改變時代的
日本人

李拓梓 著

推薦序——

看看別人，別忘了也看看自己

臺灣日本關係協會會長／邱義仁

我相信臺灣人最喜歡閱讀的日本歷史，大概是日本戰國時期以及幕末至明治維新這段時期。之所以引人入勝，一方面是情節錯綜複雜、高潮迭起；另一方面是，在其中似乎也看到了現在自己所處的時代，好像科技無論多麼進步，人類總是面對著似曾相識的歷史情境，總是面對著一再重複的命運循環。

幕末時期，以現在的眼光來看，幕府的開國主張是進步的，「尊王攘夷」的保皇黨是反動的。但是，在「民族主義」的「民粹」大旗下，進步的幕府被推翻了，大政奉還讓日本天皇回到了政治舞臺中央。

有趣的是，民粹的潮流並沒因天皇復位而一發不可收拾，將日本拖入歷史的廢墟中。出身「尊王攘夷」的大久保利通在取得大權之後，為了推行維新，終至與情同手足的保皇黨領袖西鄉隆盛及眾兄弟們兵戎相見，最後雖也遭暗殺而亡，但保皇黨在他的打擊下灰飛煙滅，終使明治維新得以推行下去。而天皇因尊王攘夷的反動思潮得以復位，卻勇於反叛自己的權力基礎，終將日本推上現代先進國家之列。

無獨有偶的，如果我們把視野拉到愛爾蘭獨立之初的抗英運動，兄弟鬩牆終至流血收場，此種歷史情境何嘗不是一再上演。

這大概就是歷史迷人又惱人的地方吧！

拓梓這本書，以人物為中心，歷史情境是在人物的紛紛出場中浮現出來的。這是一個較生動又較易吸引人的敘述故事的方式。你可以將此書當作繼續鑽研日本歷史的開端；你也可以將此書當作閒暇之餘增廣見聞的床頭書；或者你就將此書當作休閒娛樂的泉源亦可。不論如何，這本書是一個可看性很高的作品。

推薦序——

大河的底流

《表裏日本》作者／蔡亦竹

對臺灣而言，應該很少有像日本這樣一個關係密切又讓許多人充滿憧憬的國家。日本對臺灣的影響不只是汽車、電器、藥粧等物質輸入，而更多來自文學、影像甚至娛樂等現代人稱為「軟實力」的文化能量。不管是對世界或是對臺灣，這種文化能量的蓬勃發展，讓這個一億兩千多萬人口的東洋島國成為公認的一等強國。

「一個極為弱小的國家，即將迎接她的開化期。」

這是司馬遼太郎著作《坂上之雲》的經典開頭。如果明治時代是日本從一個僅具現代國家雛形的小國發展到日後規模的「開化期」，那麼從江戶到明治的過渡期「幕末」，就是這個一等強國誕生的關鍵時代了。幕末時代一直是日本文學、戲劇，甚至遊戲等喜好的題材，臺灣人耳熟能詳的《篤姬》、《龍馬傳》，甚至漫畫《神劍闖江湖》都是直接間接取材於這個風起雲湧的時代。

幕末同時也是個希望和絕望、樂天主義與動盪不安並存的狂熱時代。

持續兩百六十五年，號稱開創「三百年太平」的江戶幕府所經營出來的和平時期，絕對是種值得肯定的成就。但是也正因為這種長年和平而讓幕府這個以將軍為最高領袖的統治機構出現了制度疲勞，在黑船的砲擊聲下毫無抵抗能力地與美國簽下了開國通商合約。這種讓知識階層看來喪權辱國的行為，引爆了當時有志之士們對於當權者，也就是幕府的怒火，於是德川將軍家原本牢不可破的統治架構，一夕之間開始受到劇烈的挑戰。

建國以來連蒙古襲來都安然克服的「金甌無欠」傳統即將被列國侵略打破。對七百年來架空天皇家而掌握國政的武家政權憤怒而燃起的「尊王攘夷」風潮。因為太平飯吃久了而開始天然呆的幕府重臣們。甚至是三百年前關原之戰後造成的地方歷史遺恨。複雜多樣的因素攪拌在一起發酵，幾乎快引爆了日本這個內憂外患的壓力鍋。

如果就結論而言，日本安然渡過了這個危機，靠的是一群不簡單的人物。而這群人就是《改變時代的日本人》這本書的主角們。不管是明治末期才突然爆紅，然後就一直都是時代劇和小說漫畫主角熱門人選的坂本龍馬，還是上野公園裏牽著小狗、有點肥宅風格的西南壯士西鄉隆盛，或是做為政治家極為優秀、但是當朋友或是同僚極為讓人討厭，一生最耀眼的時候是被志志雄手下暗殺（大誤！）的大久保利通，這些風格各異卻又像才華與理想的集合體們，全都是幕末這個時代縱橫天下的能人志士。因為有了他們的活躍，日本這個國家才渡過了幕末這個脫胎換骨的黎明期。

現在的歷史，就是過去的政治。而今天的政治，就將是未來的歷史。如果從事政治工作而又精通歷史者，對於人心的機微和大勢的掌握必將獨有見解而得心應手。拓梓就是在臺灣少見的這種人才。公務繁忙的他一直沒有停下對於日本文史的熱愛和筆耕，《改變時代的日本人》這本動人之作就是拓梓對這群能人志士的致敬之作。在臺灣，日本大河劇的愛好者不少。但真正了解其背景和時代精神，不是看一集就上電視上網發表一篇似是而非的雞湯文，或是動漫野史和正史都搞不清楚就拿著自己看過的東西出來自稱日本通的人卻不多。這本書的介紹詳盡而又簡明，行雲流水的記述讓人一讀就欲罷不能。坊間的日本相關文史作品不少但是多為翻譯作品，臺灣一直缺乏由臺灣人角度、臺灣人述事方式來看的日本解說本。拓梓的《改變時代的日本人》，就是我一直期待的這種優質著作。

如果你愛日本幕末的維新志士甚至新選組而想知道詳盡人設，看這本！

如果你關心國家未來，想知道小國要怎麼發憤圖強力爭上游，看這本！

如果你胸懷大志，將來想要突破困境讓天下都認識你這個人，看這本！

同樣和日本一樣是個東洋小國，同樣和日本一樣得面對不友善而國力龐大的帝國。因為拓梓的著作，讓臺灣人看幕末終於不再只是一群劍客在京都互砍，或是來自鹿兒島的將軍蘿莉老婆，和拿著火繩槍跑來跑去的與本人落差極大的女士兵而已了。我們終於可以看到有血有淚、有深度有內涵，而且對臺灣有啟示意義的深度幕末解說了。對這本認真而引人入勝的新作，我只有一個怨言。

寫這麼好根本就是要搶我生意啊。

作者序——

複雜的時代，有趣的人

李拓梓

幕末維新的時代，可以說是日本的「啟蒙時代」。儘管和歐洲啟蒙源於自身公民社會、中產階級的興起的環境不同，日本的啟蒙，是因為對外力壓迫的民族主義覺醒。但在時代潮流之下，這股民族主義醒覺所帶來的風潮，在開國、鎖國、尊王攘夷、文明開化等路線的選擇上，也曾經經歷過一番激烈的拉扯。

這個時代的浪潮當中，也出現過許多秀異人物，這些社會領袖們，帶領日本走出德川幕府兩百多年的舒適圈，追上了當時國際社會主流的富國強兵之路，也深深影響了後來東亞地區的政治結構，強力地衝擊了周邊鄰國。因此，這些帶領日本改變的人，確實因為自己志業的追尋，真正扭轉了歷史的方向。

如果以時間為經緯，幕末維新這段歷史的講述，無論是翻譯或著作，都已經有很多出色的作品。但是以人物為中心，呈現不同角色切入的歷史視角的中文寫作，除了司馬遼太郎的多部小說，和衍生的各種坂本龍馬傳記外，其實作品不多。我一直相信，時代當中最重要的，是人的存在，只有人的意志，才能夠改變時代的結構，因此才興起了以人物為中心的幕末維新歷史寫作。

因為敘述的主體是人，因此同一段歷史當中，會因為不同的人以不同角色出現，而有不同的詮釋。比如經常被認為顢頇無能的幕府，其實有過幾位出色的人物。看清時勢的最後將軍德川慶喜，謹慎行事的幕臣阿部正弘、崛田正睦，眼界卓越的海軍創始者勝海舟，把培里辯得一愣一愣的談判代表林復齋大學士等人，其實都以靈活的戰術和卓越的眼界，保住了日本在危機中有機會改革的一線生機。

又像是被後世認為是保守獨裁者的「安政大獄」發動者井伊直弼，雖然是因為被暗殺而又無法追究，讓幕府權威大衰，而扭轉了歷史的方向。但他在大老任職期間，堅定採取他的政敵崛田正睦的開港策略，也成就了今日橫濱港偌大的港市規模。這樣的貢獻，其實在過去主流的「輕幕府、重志士」的勝利者史觀中，比較少被注意到。

而後來被認為是維新英雄的志士們，雖然因為維新成功的關係而被紀念，但仔細思考，他們最開始的「尊王攘夷」主張，其實跟鄰近清國的「義和團」式民族主義差不多。坂本龍馬在黑船來襲時人在江戶，在他寫回去土佐老家的信件當中，也有「一定砍下外國人頭」的說法，可以看出早期的攘夷想法者思考其實相當幼稚。

類似的情況後來成為首相的伊藤博文也有過，他所屬的長州藩家老長井雅樂很早就提出比較接近開國攘夷主張的「航海遠略策」，但卻被藩內包括伊藤在內，受教於吉田松陰的「松下村塾」志士們激烈反對，長井最後被迫自殺。但等到伊藤自己有機會到英國遊學大開眼界，發現西洋技術遙遙領先日本，自己摸摸鼻子，調整了主張，其實也不過是重新回到「航海遠略策」的認識。不過這樣看來，長井雅樂的死，未免就顯得太委屈。

類似的例子不勝枚舉，人在時代當中，有可能抵抗潮流，也可能引領潮流，也可能被潮流拖著跑。正是因為這些時代當中的人們所作所為，當代才能夠成就為我們眼下所見的一切。因此，人是歷史當中最重要的存在，有人的存在，歷史才能變得立體、親近而鮮活。這也是我當初希望透過人物的描繪，來勾勒出這個時代的原意。

在本書的二十七個篇章中，我一共選出了三十四位主角，大多數都跟政治有關。會這樣選擇，並不是我認為明治維新只有政治，其他領域都不重要，而是因為我自己學習政治、從事政治，對政治比較敏感的關係。我也期待未來還能夠有機會繼續描寫幕末維新當中，不是透過政治，但卻也為時代帶來改變、或記錄了時代的人們，無論是文學家、攝影家、藝術家，都是未來我想要繼續描繪這個時代，讓時代更立體的呈現在讀者眼前時，想要選擇的敘述對象。

本書得以付梓出版，最需要感謝的人，是「自由評論網」的主編潘靜怡，每週一篇的專欄，是一種寫作耐力跟紀律的試煉，也讓我得以在忙碌的工作中仍然能夠維持閱讀的習慣。當然，寫作是寫得越多，就會越有心得，因此付梓之前，我也針對舊稿做了一些修改、補充，希望能夠讓人物跟時代，能夠透過更精細地描繪而更加立體。此外，也要感謝「平安文化」的同仁們，總編輯槵甄的催逼，讓《改變時代的日本人》企劃得以發想；編輯維鋼的細心跟專業，則是企劃最終成書的重要推手。另外，「故事：寫給所有人的歷史」網站，也提供了部分書稿發表的機會，我要誠心感謝以上諸位貴人們的相助。

當然，亞東關係協會的會長、政治圈的資深前輩邱義仁，以及新銳學者、也是暢銷作家的蔡亦竹博士兩人慷慨作序，以及駐日的謝長廷大使和知名作家茂呂美耶，以及涂豐恩博士的推薦，都讓我受寵若驚，我也要向這幾位前輩們致上我最誠摯的敬意與感謝。最後，家人的支持當然不能忘記，無論是生活當中讓我從小就擁有對日本有熟悉感的爸媽，在每週截稿前經常幫我分擔顧小孩任務的岳父母，以及經常跟我到荒涼鄉下奔走旅行、取材的太太，他們都是這本書寫作過程當中，共同的參與者。

我是喜歡寫字，也以寫字維生的人，終於能夠看到自己的作品可以付梓，跟喜愛日本史的讀者分享，無疑是最大的喜悅。大眾寫作這件事，求得並不是深入、鑽研，而是可親、好入門。就像推薦本書的作家茂呂美耶曾經寫過的，是為了為讀者「鋪一條勉強可以通行的山徑」，讓大家有機會看見更遠的風景。這是我在寫作時努力的方向，希望您會喜歡這本書。

目錄

幕府——勢不可免的衰退

朝廷——
難以駕馭的權力

長州——
最激烈的「倒幕」推手

迎向世界的窗

幕府

勢不可免的衰退

面對時代的變局，幕府當中的官員有些堅持守成，
也有人力圖改革，但終究無法力挽狂瀾……

幕府權力的崩解：井伊直弼之死

大權在握，以「安政大獄」迫害政敵，追殺政治異議者的幕府大老井伊直弼，在櫻田門前面遭到刺殺，幕府卻遲遲無法抓出兇手。他的死亡，讓幕府正逐漸崩解的權力變得更衰弱了。

一八六〇年三月三日，江戶天氣很冷，還下著雪，一列從城內出來的轎子，在「櫻田門」外遭遇十七名壯漢的襲擊，幕府大老井伊直弼命喪大街。

幕府重臣命喪大街，當然是頭條新聞，後來查出了突襲井伊的，是十六名水戶藩士，跟一名薩摩藩士。

井伊直弼的崛起

幕府的官制很複雜，「大老」雖是臨時職務，但可以說是將軍之下最有權勢之人。如果沒有設置大老職務，就由數名管理不同政務的「老中」統轄政務。

在江戶中後期，大老的職務雖然一直由井伊家出任，但大多數的政務，都掌握在

井伊直弼。

數名老中手上，老中的首座，算是江戶政務的主要掌握者，這種狀況一直維持到井伊直弼這一代，大老的權力才因為直弼個性使然而發揮出來。

在井伊直弼之前，幕府已經很長一段時間沒有大老。掌握權力的，分別是老中阿部正弘和崛田正睦。這兩位老中頭腦都很清醒，他們深刻的理解外國人現代化的船堅砲利，不是已經在江戶時代和平兩百年的日本人可以用武士刀來抵抗的。如果不走開國路線，最後一定會搞得戰火綿延、生靈塗炭。

不過因為歷史總由勝利者書寫，維新志士筆下的幕府，經常顯得顢頇無能，但阿部、崛田等人其實都是奉行現實主義外交的幹才，他們對於國際情勢的

（上）阿部正弘。
（下）崛田正睦。

判斷，無疑比當時的「尊王攘夷」者現實而準確。

井伊直弼是普代大名彥根藩主的第十四個小孩，因為排序很後面，不太可能繼承，已經打定主意要當名士，因此琴棋書畫樣樣精通。但他的哥哥們，卻都陰錯陽差地沒能繼承，而輪到他來繼承這個從德川家康年輕時在三河就緊緊跟隨，有著「井伊的赤鬼」稱號的譜代大名[1]世家，也因此，直弼開始有機會接觸幕政。

「安政大獄」背後的開國問題與將軍繼承者之爭

當時的政治環境中，一橋德川家、紀州德川家正為了擁立新將軍而爭執不下。一橋家的慶喜是一向主張「尊王攘夷」的水戶藩藩主德川齊昭的兒子，得到當時實力較強的土佐藩、薩摩藩和福井藩、宇和島藩和尾張藩的支持。而紀州的慶福則得到井伊直弼、朝廷關白九条尚忠的支持。爭奪將軍的兩造在朝廷、幕府都各有支持者，全國的政治都陷入激烈的鬥爭。

1. 侍奉德川家的元老、實力派大名，以及他們的遺族，地位僅次於德川家的親藩大名，權力極高。

崛田正睦在阿部正弘積勞成疾、忽然過世之後出面掌理幕府政務，他本來是比較親近「南紀派」，但因為個人對於水戶藩主德川齊昭的喜愛，也愛屋及烏在立場上偏向齊昭的兒子慶喜繼任將軍。因此被算做「一橋派」的一員。當鬥爭正熾，他自然也就跟「南紀派」的井伊直弼關係緊張。

當時，日本國內「尊王攘夷」的呼聲已經興起，支持攘夷的志士並沒有足夠的國際知識和實力差距的現實感，無不認為幕府與列強簽約是喪權辱國之舉。朝廷也受到影響，孝明天皇在尊王攘夷派公卿和武士的支持下，對政治野心勃勃，希望從幕府手中奪回權力。崛田知道朝廷的想法，但他覺得，如果條約還要通過只見愚勇、不曉世事的朝廷批准，無疑是自找麻煩，強烈主張條約只要幕府同意就可以簽署。

當然，最後條約還是送去了朝廷，想當然耳，天皇、公家自然是看到條約就聞之色變。崛田親赴京都，向朝廷力陳「拒絕條約就是拒絕全世界，會引來各國侵略的兵災，讓日本生靈塗炭」。他的說法顯然沒有被朝廷接受，攘夷派公家三條實美當時掌握大權，發令要幕府在友好通商條約中加上「國威難立」這種拒絕條約、強人所難的句子，導致條約不能成立。

因為主張被拒，崛田正睦因而下臺，「一橋派」也跟著失勢。一向和「一橋派」對立的「南紀派」井伊直弼就在這樣的機會中登場，成為新的幕府大老。而爭執已久的第十四代將軍職務，也終於確定將要由一直受到「南紀派」支持的慶福接任。

為了阻止這一連串的變局，支持慶喜的水戶藩等諸大名強行登城拜謁將軍，和井伊直弼對決。不只是這樣，天皇和朝廷也介入了這場政爭，右大臣鷹司輔熙跟左大臣近衛忠熙以天皇的名義發出「戊午密敕」，希望拉攏反「南紀派」、政治主張偏向尊王攘夷的大名來阻止幕府改組。不過大名們並不是很領情，而察覺此事的井伊直弼也不是笨蛋，為了捍衛自己的位置，他先是以大名們強行登城為由，勒令一橋慶喜、德川齊昭、松平春嶽等「一橋派」要角在家隱居。

松平春嶽。

接著，這位原先名不見經傳的彥根藩主繼承人、新任幕府大老，展現了令人驚訝的強硬手腕。為了樹立權威，他全力打擊政敵，將發出密敕的朝廷公家鷹司輔熙、近衛忠熙等人免職，同時也趁機將不聽話的「尊王攘夷」志士一併整頓。在這段風聲鶴唳的報復期間，受牽連的武士、平民達數百人。其中最有名的一位死者，就是被公認為長州藩攘夷思想的啟蒙者吉田松陰。幕府本來沒有要讓松陰死，但是他自陳明人不做暗事，在庭上承認謀劃想要暗殺幕府重臣間部詮勝，因而獲判死刑。這一段井伊恐怖統治的時期，被稱作「安政大獄」[2]。

選擇開國

井伊當然也有他的難處，一八五八年他就任大老，就在前一年，英法聯軍把清國打得東倒西歪，美國人帶來的情報告訴他，英法聯軍下一步一定是針對日本。在這種壓力下，井伊必須接受美國人比較好的條件，因為他覺得，如果現在不跟美國簽條約，後來如果被剛打完仗的英法以武力相逼，想必是更加麻煩。

井伊的柔軟，也意味著自我的矛盾。他跟主張開國的崛田正睦關係不好，並且利用這個機會把崛田弄下臺，但面對艱困的國際處境，他也必須繼續推動崛田一手主導的開國政策。在他手中，「日美通商友好條約」被落實下來，而且不僅僅是原先答應的下田、箱館（現在的函館），他還一併開放了橫濱、長崎，並且規劃了外國人居留地，並陸續和英、法、荷、俄簽約。今日橫濱成為大城市，和井伊當年對開港的堅持有關。

在井伊任內生效的這些條約之中，也含了許多不平等的元素。領事裁判權、關稅自主以及片面最惠國待遇，是最受到詬病的地方。過去歷史上談「不平等條約」，常常提到割地賠款，以當時的國際秩序來說，戰敗國割地賠款是理所當然之事，但因為對國際政治的不理解，而將領事裁判權、關稅自主權和片面最惠國待遇讓出，才是最大的不平等所在，也讓維新後的政府為了修改新約頭痛不已。

「櫻田門事件」的背後殺機

井伊所握有的權力，隨著政敵紛紛倒臺，慶福改名家茂，正式繼承第十四

2. 孝明天皇向地方藩主發出鏟除幕府大老井伊直弼的密敕，卻因事跡敗露，在安政五年（一八五八）到翌年掀起大獄，尊王攘夷派和一橋派的大名、公卿、志士等均遭到鎮壓，牽連者多達到百人以上。

代將軍職務之後達到了頂峰。雖然沒有人懂井伊直弼到底在想什麼，但是被他牽連的志士、官員，都對他恨之入骨。

尤其是藩主被處罰，家老被判死罪的水戶藩士，最嚥不下這口氣，於是開始計畫暗殺井伊，並且找薩摩人來幫忙。問題是薩摩人從支持「一橋派」的島津齊彬當家開始，就一直對「倒幕」保持距離，齊彬千辛萬苦把養女嫁給十三代將軍家定，就是希望藉著影響幕府來推動改革，但是推翻幕府並不在他的想像當中。就連公家近衛忠熙希望薩摩出兵擔任京都警衛，齊彬都再三推辭。

齊彬死後，他的弟弟久光成為薩摩實質的權力擁有者，他對藩內的攘夷派採取了更寬容的態度，不僅阻止了年輕志士脫藩，更提拔這些志士參與藩政，讓薩摩成為西南雄藩的一員，也為後來的薩長同盟、明治維新奠定基礎。因為薩摩藩內情勢的變化，在江戶的藩士一時無所適從，只剩下有村熊助、次左衛門兩兄弟，還傻傻地支持水戶藩的斬奸行動。

水戶人覺得薩摩人莫名其妙，明明說好要一起出發斬奸，結果事到臨頭躲得只剩下兩個人。但是有村兄弟卻覺得，即使只有兩個人，薩摩人還是有參與到

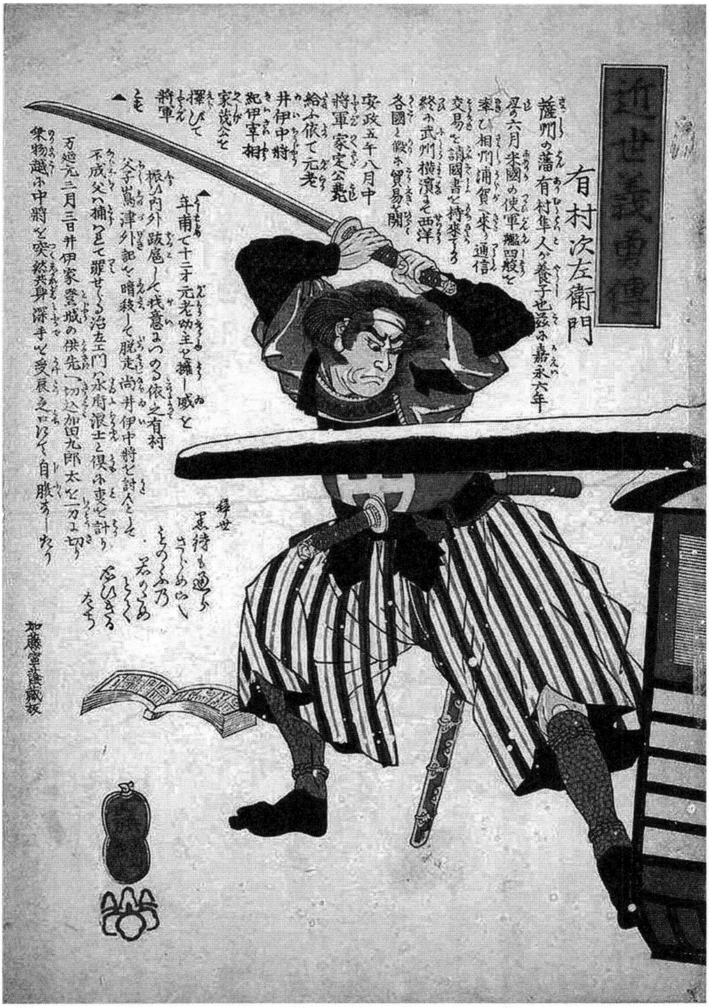

有村次左衛門。

這個偉大的「水薩義盟」[3]行動。於是商議之後，決定讓有村次左衛門負責斬井伊直弼的首級。

三月三日，在大雪中，十七名刺客義無反顧地踏上斬奸行動之路，並且成功的在江戶城下的櫻田門外斬殺了幕府重臣井伊直弼。幕府大老被武士所殺，幕府卻無法真正追究此事，最後追究責任草草了事。甚且不久之後，當初被井伊判處「謹慎」[4]的德川慶喜、松平春嶽等人，都紛紛以官場要人之姿復出。於是，隨著幕府權力的瓦解，幕末維新的大勢方向已定，因為井伊的死，而成為勢不可免的趨勢。

大老井伊直弼襲擊圖（月岡芳年繪）。

如果要說改變歷史的人，井伊直弼無疑也是重要的一員。只是大多數被認為改變歷史的人能夠被後人記憶，都是因為他們活著時做了什麼事。只有井伊，是因為莫名其妙的死了，才開啟了歷史的一扇門。

三月的雪被鮮血染紅，也成就了後來日本的改變與革新。而今日的櫻田門，也因為這個事件，而永遠被人們所記得。

3. 指薩摩藩主島津齊彬在位期間，為致力幕府政革而推動的水戶與薩摩兩藩的同盟政策，此一事件也是日後會薩（會津與薩摩）為驅逐長州藩勢力，而推動公武合體政策的遠因。

4. 指言行遭到監控，形同軟禁的情況。

最後的將軍德川慶喜

出身水戶，後來被過繼給「御三家」當中一橋家的慶喜，是一位聰明勇敢，充滿才氣的年輕人，因此一直被認為是將軍繼任的熱門人選，也是幕府振興最後的希望。但他繼承將軍職務的過程一波三折，好不容易當上了將軍，幕府的衰亡卻已經勢不可免，他於是成為「最後的將軍」。

幕府的最後一位將軍德川慶喜，原來是「御三家」水戶家的孩子，因為政治原因，被過繼到「御三卿」的一橋家。在江戶幕府體制中，有資格繼承將軍職務的，除了家康的本家，就是德川庶子尾張、紀州、水戶三家組成的「御三家」，跟過了幾代之後，因為害怕沒有男丁，所以擴大繼承範圍的第八代當主吉宗兄弟一橋、清水、田安三家組成的「御三卿」。

水戶黃門——德川光圀。

慶喜過繼的政治問題

慶喜的原生家庭的水戶藩，因為不用參勤交代，長期滯留江戶，在民間一直有「天下副將軍」的稱號，著名的江戶說書故事《水戶黃門》，就來自這一家的故事。

慶喜的父親德川齊昭，是著名的攘夷支持者，因為水戶黃門故事，民間風評極佳，也不免被將軍近臣忌憚，水戶家因為被認為是「副將軍」，雖然貴為御三家，但其實沒有出過將軍，齊昭因此對慶喜有很高的期待。

幕府老中阿部正弘當然知道這

種期待，但真正讓阿部憂慮的，是放眼望去，如果將軍家慶過世，兩三代內沒有什麼像樣的將軍繼承人，如果不讓力主攘夷的水戶藩名正言順繼位，似乎也沒有什麼藉口。與其如此，不如說服齊昭將慶喜過繼給一橋家，一旦繼承將軍，至少名義上不是出自水戶，也算是個牽制。

齊昭深知阿部的考量，但對他來說，兒子就是兒子，就算過繼給人，也是自己的兒子。既然幕府對水戶藩繼承將軍職務有意見，又願意開個後門讓兒子以一橋家的出身繼承，他也沒什麼好抗拒。慶喜就這樣被過繼給一橋家，成為熱門的未來將軍候選人。

慶喜與慶福的將軍之爭

一八五三年，德川第十二代將軍家慶過世，同年美國提督培里帶著黑船叩關，要求日本開放通商，日本開始進入混亂衰弱的幕末時代。十三代將軍家定是早就被決定的人，但因為家定被認為要不就是腦性麻痺、要不就是智能不足，或者患有癲癇，總之就是體弱多病，因此能夠執政幾年，頗被看衰，慶喜於是被看作是十四代將軍的大熱門。

但也因為他是大熱門，所以一開始就不被將軍周邊的人所喜歡。慶喜最大的支持者是阿部正弘，以及親生父親德川齊昭，和被認為當時最聰明的諸侯越前藩主松平春嶽；最大的競爭者，則是來自紀州的慶福和剛竄起的幕臣井伊直弼。

德川齊昭。

這場十四代將軍爭奪戰，算是幕末最激烈的一場權力鬥爭，從幕府內部的爭執，阿部正弘的英年早逝，水戶、薩摩、越前等大藩牽涉其中，一直到後來慶福、井伊直弼獲勝，展開「安政大獄」的思想鎮壓，不僅時間長，牽連者也很多。總之一橋家的慶喜是失敗了，紀州的慶福被指定為將軍繼承人並改名為家茂，而失敗的諸藩多被處以禁閉、謹慎的處分，慶喜也是其中一位。

井伊直弼之死與慶喜的復出

不過俗話說，得意沒有落魄的久。就在慶喜禁閉期間，權傾一時的井伊直彌莫名其妙地被攘夷志士砍死在櫻田門外。慶喜的人生又開始有了轉折，首先是因為朝中無人，所以一直在養望的慶喜，有了機會出任輔佐將軍職務的「將軍後見職」，而他的盟友松平春嶽，則出任「政事總裁職」。本來松平春嶽是要當「大老」的，但幕府實在對這些「一橋派」的復出有所忌憚，刻意新設了幾個權責不明的職務，來做權力平衡。不過兩人也發揮了影響力，努力輔佐早先的政敵家茂將軍，一起為重新振興幕府來努力。

再一次登上權力核心的慶喜，以振衰起敝為己任。他指揮作戰，在御蛤門打敗了一向支持尊王攘夷最力的長州軍，將之打為「朝敵」。接著又乘勝追擊，指揮幕府聯軍攻擊長州，在第一次長州征伐當中成功威脅長州，迫使長州屈服議和，家老周布政之助切腹，讓長州政權回歸不想得罪幕府的俗論派手中。

一時的和平並非慶喜所支持，當長州倒幕力量在高杉晉作、桂小五郎支持下又一次興起，他再一次指揮作戰，希望能夠真正擊垮長州。但這一次因為一向支持幕府的薩摩私下與長州結成密約，慶喜的部隊不僅戰事不順，打到一半，將軍家茂突然過世，只好匆匆撤退。

第二次長州征伐被世間認為是一場敗戰，也讓整個幕府的權威一蹶不振。

慶喜就是在這樣的狀況下，被推舉為第十五代將軍，終於坐上了這個位置，卻得面臨一個無法扭轉的頹勢。

「大政奉還」和沒打成的如意算盤

慶喜執政的時間很短，甚至不到一年。他一上臺面對的第一件事，就是那位一下攘夷、一下支持幕府，變來變去的孝明天皇駕崩。接下來就是一連串西南雄藩檯面下的結盟，讓幕府日益衰弱的趨勢一直延續下去。

慶喜也很清楚，如果不做改變，幕府必定結束在他手中。

他首先提出「大政奉還」[5]，希望將權力轉交給新繼任的天皇。其實慶喜的算盤很清楚，天皇沒有能力親政，公卿也沒有能力治理國家，因此必須把國家交給最有威望的人執政，而長州的毛利敬親、薩摩的島津茂久，都沒有全國性聲望，放眼望去，日本最有威望的人，還是非慶喜莫屬。對慶喜來說，未來面對的

5. 慶應三年十月十四日（一八六七年十一月九日），江戶幕府第十五代將軍德川慶喜把政權交還天皇，標誌著由德川家康定下的持續二百六十五年江戶幕府統治的結束。

最大挑戰，也只是從號令諸藩轉為領導議會，憑著他的聰明和辯才，應付起來應該綽綽有餘。

但維新志士也知道慶喜葫蘆裡賣什麼膏藥，力主一戰的西鄉隆盛等人，矢志消滅幕府，在鳥羽伏見戰役當中扛起官軍大旗，將原先作為官軍的幕軍打為賊軍，開始了一連串的戊辰戰爭風雨。

慶喜逃回江戶，左思右想，雖然不服氣，但識時務者為英雄，他找了跟維新志士關係良好的老幕臣勝海舟說項，並透過出身薩摩，一向寵愛他的天璋院篤姬向西鄉隆盛求情，同時也支持幕府的殘餘部隊劃清界線，促成了江戶無血開城，也讓明治維新有了起點。

保住一條命的慶喜成為最後的將軍，他的命運讓人想到比他時代稍早的法王路易十六，以推動改革之名被推上位置，卻無法抵禦改革所帶來的洪流。儘管他如此聰慧、雄辯，但面對時代，這位最後的將軍根本無力阻擋，能夠保住性命，以貴族之姿度過餘生，而非像路易十六那樣被推上斷頭臺，已是人生最大的幸運。

各時期的德川慶喜。

這樣不好嗎？幕末的群眾運動

政治動盪的時代，社會自然也不安定。「這樣不好嗎？」運動，就是變動時代的奇怪產物，成千上萬的民眾放下工作，在市區跳舞，也免不了對平常苛刻的商家打砸搶。這場運動來無影、去無蹤，也沒有領導，可以算時代之下最奇異的產物，也對當時執政的幕府產生了莫大的壓力。

席捲城市的騷動

「這樣不好嗎？」運動（ええじゃないか），是一八六七年的日本最為特殊的社會現象，成千上萬的群眾放下工作，穿著奇裝異服，在各地市區一邊跳舞一邊唱著「這樣不好嗎？」的口號，有時會衝進平常討厭的人家裡要求招待或者撒野，也有些過激行動會搗毀店家。簡單來說，這波運動，相當能夠表達對於急遽變動的時代裡小人物只能看見當下的無奈。

這波運動沒有領袖、沒有目標，到底是怎麼發生的，眾說紛紜。運動發生的時間不長，但範圍卻很廣，橫濱、江戶、京都、大阪、廣島、土佐、丹後，都發生類似事件，但一下子就銷聲匿跡。消失之後，就再也沒有人提起。

起自伊勢神宮參拜潮

「這樣不好嗎？」的口號，是從江戶年間不知道怎麼變成的伊勢神宮參拜風潮演變而來。伊勢地區被認為是日本的神國，也是二〇一六年五月G7高峰會召開的地點，到現在伊勢志摩地區仍然以「日本人的心靈歸屬」、「一生必須去一次」作為旅遊宣傳口號。

一八六七年，正逢伊勢神宮每六十年一次的大祭典年，日本各地有能力的人，興起了一股一生一定要去參拜一次伊勢神宮的流行。但許多沒有經濟能力，或者無法領到藩內旅行許可的百姓，沒有辦法進行這樣的參拜旅行，只好拜託要去的人順便幫他們求個幸運符，這些人就會以「這樣不好嗎？」自嘲。這樣的自嘲轉到政治上，變成威權時代裡，高明而隱喻的政治笑話。

「這樣不好嗎？」運動，就從沒去伊勢神宮參拜的人開始，蔓延到社會各個角落。這場運動可以說是升斗小民對社會紛亂的一種反抗。前一年的一八六六年，幕長戰爭發生，幕府戰事不順，打到一半將軍家茂過世了，整場戰爭不了了之，所有各方面，都認為幕府打了敗仗。但是敗軍部隊的指揮官慶喜，卻隨即繼任將軍，他有心改革，但手中沒有籌碼，幕府欲振乏力，西南雄藩磨刀霍霍，所有對政治有敏感度的人，包括慶喜自己，都知道幕府要垮了。

「改世暴動」的一環

戰爭需要花錢，幕府為了兩次攻打長州，再加上先前的幾次戰爭，大量徵用地方武士、錢財，引來很多怨懟。羊毛出在羊身上，幕府跟諸侯伸手，諸侯就向百姓徵稅，戰爭帶來災禍，也帶來加稅。在幕府、武士階級權威衰退的時代，當然會引來農民起義抗爭。日本的騷亂時期，一直有農民起義的文化，在稍早的戰國時期，農民起義被稱作「一向一揆」，也對當時的諸侯造成莫大的挑戰。只是江戶時代算是太平時代，農民抗爭的事件大大減少，直到幕末，起義風潮才再一次席捲而來。

「這樣不好嗎？」運動——「豐饒御蔭參之圖」（一惠齋芳幾繪）。

這波趕上改朝換代的農民起義，被稱作「改世暴動」，從一八六六年就開始，一直到維新後都還沒有停歇。自稱為窮苦民眾的農民，對地方的官吏、富人展開鬥爭，要求降低米價、施捨救濟，他們拿著「均貧富公正將軍」、「改世大明神」的旗幟，搗毀店家、燒毀帳簿，讓力量衰竭的地方諸侯無以應對。同時，西南雄藩的兵力也正開始集結往東挺進，威脅幕府的統治基礎。

「這樣不好嗎？」運動，也是「改世暴動」的一環，只是這些在都市裡發生的運動，並非針對諸侯賦稅、徭役問題的反抗，而是一種對世道紛亂的遁世反彈。隱藏在「這樣不好嗎？」跟「均貧富公正將軍」或「改世大明神」背後的，是人民對於沒有將軍的時代的盼望，沒有將軍不好嗎？沒有幕府不好嗎？也意味著當時人民對於改朝換代可以恢復正常生活的期盼。

運動背後有煽動者嗎？

一八六七年九月，薩長起兵討幕，幕府連戰連敗，慶喜決定推動「大政奉還」，讓紛亂的政局有個了結。但他原本忖度可以繼續執政的美夢，馬上在次年被西南雄藩的兵力所擊潰，到頭來只保住了一條小命。在此同時，越發衰敗的幕府，還沒統一天下的雄藩，以及還沒準備好執政的皇室，讓日本陷入了無政府狀態。

這個環境下，本來只是期待改朝換代的「這樣不好嗎？」運動瞬間消失，再一次崛起的仍然是各地農民很務實的「改世暴動」。比如在一八六八年甫結束會津戰役的會津地區，因為戰爭所帶來的物資缺乏，戰爭才一結束就發生暴動，新政府顯然沒有能力阻止暴動，暴動群眾要求罷免官吏、制定「改世綱領」，讓民眾有更多參政權，來符合新時代的統治需要。不過正當國政亂局，新政府還是採取了嚴厲的鎮壓手段。

有很多人認為，運動不會憑空發生。在兩波「改世暴動」中突然席捲而來的「這樣不好嗎？」運動，背後必然有煽動者。運動有煽動者不奇怪，合理的推測，猜是反幕府的西南雄藩所推動，希望藉著民間流言蜚語，再一次削弱幕府權威。只是，確實也沒什麼證據可以證明這樣的推測為真，到底「這樣不好嗎？」運動是怎麼發生的，就成為歷史之謎。

大政奉還圖。

不過在倒幕風潮中，「這樣不好嗎？」確實衝擊了幕府的威信，也讓改朝換代有了更強的民眾基礎。幾萬人走上街頭，狂歌亂舞打砸搶，高唱「這樣不好嗎？」這件事，本身就對權威充滿了挑戰之意。即使是有人煽動，也只有在末法亂世，才可能釀成這樣的流行。

姓松平的悲哀：末代會津藩主松平容保

因為擁有「松平」這個姓，末代會津藩主松平容保被迫從遙遠的東北，被叫到一團混亂的京都管秩序。面對一個無法扭轉的困境，容保除了承擔，也沒有別的選擇。隨著幕府的衰亡，戊辰戰爭的發生，因為姓氏而只能站在幕府這邊的容保，並沒有選擇，只能奮力抵抗到最後一刻。

末代會津藩主松平容保很倒楣，會津本來在遙遠的東北，跟近畿京都的紛爭一點關係也沒有。這位年輕藩主就任後，積極推動富國強兵的政策，開設「日新館」學習西學，組織新式軍隊，把藩政弄得有模有樣。

松平姓氏的由來

但是因為姓松平的關係，他終究還是捲入了幕末的紛爭之中。松平原來是德川家改姓前在三河地區（現在的愛知縣）的原姓。在改姓德川之後，還沿用松平姓的，多半有一些特別的理由。

比如會津松平家的家祖保科正之，其實是二代將軍秀忠的私生子，因為是私生子，所以過繼給保科家，直到秀忠夫妻都過世，才被哥哥三代將軍家光承認。家光沒有要把德川的姓賜給他，但要他改姓本家的松平姓，正之沒有接受，但正之死後，繼任的會津藩主接受了松平姓，一直到末代藩主松平容保，都以松平為姓，自居為德川家親藩。

身為親藩，又兵強馬壯，在動亂的幕末時代，當然會被將軍打主意。一紙命令下來，就要容保赴京出任類似警察局長職務的「京都守護職」。此令一出，會津眾臣群起反對，反對最力的家老西鄉賴母甚至主張此去會津必亡。賴母的煩惱並非沒有道理，當時的日本東有美國黑船叩門、北有俄羅斯覬覦領土，內部也正為了尊王倒幕而爭執不休。

出任「京都守護職」

「京都守護職」是個塞缺，當時的京都，攘夷志士以「天誅」名義，到處殺人，也有浪士假借各種名義勒索商家百姓，京都正陷入一團混亂。正值此時，拖了許久的將軍家茂上洛行動正要啟動，幕府官員無不憂慮在這麼混亂的治安情

（上）松平容保。
（下）西鄉賴母。

況下，上洛的將軍可能會被攘夷志士刺殺。也正是基於這樣的考量，幕府才急著要兵強馬壯、又有聲望的會津武士進京護衛。

容保到京都晉見孝明天皇，天皇此時對於原先的攘夷念頭縱然沒有改變，也已經被「天誅組」無法無天的暗殺行動惹得很毛。他心裡深知，「尊王攘夷」光靠身邊沒見過世面的公卿和滿街亂殺人的野武士，絕對不可能成功。跟幕府合作的「公武合體」勢力正在茁壯，天皇也漸漸轉向這個路線，因此大大嘉勉進京護衛的容保，讓容保一時有飄飄欲仙的感覺，願意為皇室、為幕府效命，粉身碎骨也在所不惜。

惹毛容保的「足利三代木像梟首事件」

雖然幕府建議容保直接動手清除被他們視為眼中釘的攘夷志士，但容保認為，政治會出問題，是因為下情無法上達。因此他上任之後，首要之務就是廣開言路，讓各種意見都得以上呈，但京都的秩序顯然沒有因為容保的大度而有改變，混亂依然，讓容保心裡很不舒服。最後惹毛容保的一根稻草，就是在將軍上洛前三天發生的「足利三代木像梟首事件」。原先存放在等持院的前代幕府開創者足利尊，以及足利二、三代將軍的木像，被攘夷志士偷了出來，在河原町梟首的事件。

砍前幕府將軍足利家的頭像，雖然不是砍德川家的頭，但也充滿了對幕府警告的意味。攘夷人士此舉，意在暗示，如果幕府對於攘夷行動死不悔改，接下來被砍頭的，就是家茂將軍本人。這件事讓京都大為震動，容保氣得七竅生煙，一改廣開言路做法，開始嚴格取締攘夷志士，改以鎮壓的方式恢復京都秩序。

名震天下的「新選組」就是在這個時候出現的。一開始是幕府招募的「浪士隊」，把人募集之後，幕府自己也不知道這批人該幹嘛，因此想想決定要這批從江戶千里迢迢來到京都的浪士打道回府。浪士當中以芹澤鴨、近藤勇為首的十數位人士不想回江戶，要求求見京都守護職容保，容保想想，決定讓這些人留在京都，並且再次啟動招募機制，「新選組」於焉成立。

「新選組」成立之後，雖然內部也有鬥爭，但很快地就因為近藤勇的領導能力而平息。這個浪人組成的團隊，可以做任何會津正規軍不想做的事，於是容保就讓他們穿著制服、帶著刀，開始巡邏京都、維持秩序的行動。事實上，他們的所作所為，跟「天誅」也沒什麼不同，因此京都淪為武士的地獄，每天都有公武合體派人士被「天誅」，或者攘夷志士被「新選組」追殺。

無法阻止的失敗

容保的守護職並不好當，雖然在接連的「八一八政變」[6]、「池田屋事件」[7]以及「禁門之變」[8]，甚至容保力主的「第一次長州征伐」[9]當中，「公武合體」[10]派一時占了上風，但是風往倒幕的方向吹依然勢不可免。在「第二次長州征伐」前後，先是一直被倒幕派並稱為「會奸薩賊」的薩摩人倒戈，選擇了倒幕那一邊。緊接著是將軍家茂、孝明天皇接連過世。容保的兩大靠山全倒，地位變得十分尷尬，亟欲辭去京都守護職職務回會津，卻不被搖搖欲墜的幕府跟天皇所允許。

隨著薩長倒幕人士主導的「戊辰戰爭」開始，容保跟舊幕軍在鳥羽、伏見之戰對決，也被迫向亮出朝廷錦旗的皇軍開槍，因此風水輪流轉，淪落為朝敵，當初西鄉賴母抵死不想讓容保上京的預言，如今一一實現。不過這些以賴母為首，當時不想讓容保去京都的家臣，此時並沒有背棄容保，而是有情有義的提起武器，跟容保一起打這場不會贏的戰爭。

6. 文久三年八月十八日（一八六三年九月三十日），由德川慶喜以及薩摩、會津藩等公武合體派將尊王攘夷派勢力的長州藩從政治中心京都驅逐出去的政變事件。
7. 元治元年六月五日（一八六四年七月八日）發生於京都池田屋旅館的一宗政治襲擊事件。當日由新選組領軍突襲，捕殺了多名於池田屋聚會的長州藩尊王攘夷派人士。
8. 元治元年七月十九日（一八六四年八月二十日）的事變，長州藩以「藩主冤罪向帝申訴」的名義出兵京都，於京都御所西側蛤御門附近與會津、桑名、薩摩三藩發生戰鬥，長州戰敗。事變後導致德川幕府發動了第一次的長州征討。
9. 「禁門之變」後，朝廷將長州立為朝敵，向幕府下達了長州征討的敕命。幕府以前尾張藩主德川慶勝為總督，越前藩主松平茂昭為副總督，薩摩藩士西鄉隆盛為參謀，聚集了三十六個藩的十五萬士兵向長州進軍。
10. 指主張聯合朝廷（公家）和幕府（武家）的勢力，以壓制當時的尊王攘夷派，進一步改造並強化幕府的統治地位。

戰爭當然是輸了，容保也經歷了投降、辭官、被遷藩、被廢藩的命運，有一度還被派去德川家的祖廟日光東照宮當廟祝。而他曾經統治過的會津地區，從此成為日本的「落後發展地區」，各種建設都明顯落後。一直到現在，要到當時會津的都城會津若松，都還沒有新幹線可搭，得經歷千辛萬苦地從郡山轉搭磐越線前往。選邊站的代價，有時候真的滿大的。

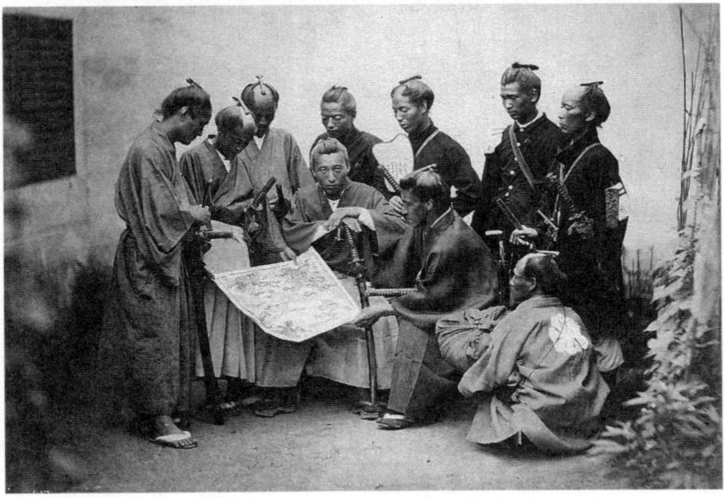

(上)戊辰戰爭中，身著西式軍裝的幕府軍。
(下)戊辰戰爭中的薩摩藩藩士。

新選組局長近藤勇

名震天下的「新選組」，是由一群浪士組成的京都市內警察部隊，局長近藤勇是農民之子，經歷千辛萬苦，在大動盪的時代好不容易靠著實力而出人頭地，成為武士，卻因為押錯了邊，而只能跟著幕府走上敗亡之路。但他傳奇般的人生，卻讓自己死後留下了好名聲，廣受大眾的喜愛。

「新選組」的局長近藤勇，本名叫作宮川勝五郎，出身並非武士，而是多摩地方的農民之子。因為對武術特別得心應手，被送到「天然理心流」的近藤周助道場學武。「天然理心流」在當時的名聲並不算響亮，遠遠落後於千葉周作開創的「北辰一刀流」、福井嘉平開創的「神道無念流」，以及桃井直由開創的「鏡心明智流」這些被稱作「江戶三大道場」的劍術明星學校。

想出人頭地的道場主人

事實上，三大道場收費非常昂貴，就算是武士階級，要學習都還得掂掂斤兩。依照當時記載，龍馬學劍的「北辰一刀流」千葉道場，一個月的「月謝」[11]大約一兩二分，相當於現在的三十五萬日幣，不是一筆小數目。因此，許多像是近藤勇這種有志於武術，但讀不起「名校」的人，還是會選擇小道場學習。但也正因為近藤等人的關係，讓後來「天然理心流」成為劍術圈的重要一派。

近藤勇。

近藤勇在道場表現優異，因此被近藤周助收為養子，改姓近藤，有權繼承周助的道場。對一個農家出身的子弟而言，亂世中擁有這樣的人生，已可堪稱幸運。由於繼承的不是名流，開設的也不是名校，近藤勇經營的道場「試衛館」生意實在不怎麼樣，正巧當時由清河八郎遊說幕府，以保護上洛將軍名義組成的

11. 指學費或指導費。

「浪士隊」正在招募人，既然是亂世，近藤勇遂興起了闖闖江湖的念頭，於是他就帶著幾位「試衛館」的師兄弟、弟子土方歲三、沖田總司等人入了隊。

這支浪士隊伍，從江戶經過五十三驛站來到京都，由於是幕府的隊伍，各藩驛站對浪士們都採優惠對待，對這些農民、貧困武士出身的浪士而言，自然都感覺到備受禮遇，似乎加入了這個隊伍，人生開始有了光彩。不過來到京都之後，領頭的清河八郎召集大家，這才表明了自己其實是「勤王派」的身分，希望大家跟他一起來支持皇室。幕府當然大為緊張，立刻要這些浪士解散，返回江戶，別在京都添亂。

從「浪士隊」到「新選組」

以芹澤鴨、近藤勇為首的十三位浪士，對清河八郎大轉彎的做法非常不爽。對他們來說，好不容易爭取到出人頭地的機會，豈可就這樣白白放棄。於是他們聯手向當時廣開言路的「京都守護職」松平容保建言，希望爭取留下來的機會。松平剛好也顧慮於會津藩的名聲，不想讓藩士去出一些危險骯髒的任務，這群像敢死隊一樣的浪士，就像及時雨一般，讓容保所憂慮的問題有機會迎刃而解、鬆一口氣。

由於駐紮的地方在壬生寺，這批浪士就被用「壬生浪士組」的名義稱呼，開始了他們的新生活。對這些一無所有的浪士來說，天下大亂，形勢大好，應該算是他們對時局的最佳認識。在一八六三年，公武合體派一舉推翻朝廷尊王攘夷力量的「八一八政變」當中，壬生浪士們因為協助守護皇居有功，得到朝廷御賜「新選組」之名，開始了飛黃騰達的人生。

芹澤鴨之死與「新選組」秩序的重建

不過一開始的時候，「新選組」內部其實也是亂七八糟。當時京都、大阪一帶的生意人，飽受各方浪士騷擾。許多浪士假藉著勤王或者佐幕等各種立場名義，攜刀持械到生意人家裡索取「贊助」費用。孝明天皇之所以找松平容保來京都，其實也是希望剽悍的會津武士在京都秩序的維護上，可以盡點心力，讓京都百姓可以好好過日子，不用再忍受這種幾近搶劫的行為。

但是芹澤鴨來到京都沒多久，就怒犯天條。要不然就是仗著「新選組」的名義，去花街喝酒鬧事不付錢，或是仗著武藝高強，到處賴帳，也難免有人因為得罪他而死在他的刀下。有一次喝醉酒，跟一言不合的相撲力士互相鬥毆，砍殺了好幾位力士，讓地方百姓議論紛紛。許多商人、官員看「新選組」這樣胡搞，一狀告到容保那裡，弄得容保心裡也非常不高興。召來近藤跟土方，密令他們解決芹澤這個麻煩。

有一次，芹澤鴨拿著容保借他的大砲，在大街上擺開陣式，以老闆沒誠信為理由，向豪商「大和屋」勒索一萬兩，把人家店家給砸了！還引了一場不小的火災。而周邊救火隊聽到來者是「新選組」，莫不駐足不前，避免惹禍上身。

近藤勇看準容保已經無法忍受，除去芹澤鴨應該已經時機成熟，暗中找了同門師兄弟土方歲三、沖田總司等人，決心除去芹澤鴨跟他的心腹們。首先倒楣的是芹澤的第一愛將新見錦，在酒店喝到一半，土方帶著一群人闖入，唸出他勒索斂財的罪狀，逼他切腹自殺。而芹澤鴨本人跟幾位餘黨，也在近藤、土方和沖田的精心策劃之下，被灌得爛醉如泥，最終在睡夢中遭到沖田等人的亂刀砍死。芹澤被殺之處的八木邸，現在還留有當時激戰的刀痕，可見當時戰鬥的激烈。

「局長」近藤勇

芹澤死後，近藤的「試衛館」一派終於掌握大局，近藤本人也當上了新選組的局長。有感於芹澤時代的隊風過於散漫，近藤展現了大將之風，採取了非常嚴厲的管理手段。比如規定若領導戰死，隊員也必須戰死為止，不然就自行切腹；或者是私鬥打輸的人，必須切腹謝罪這一類的規定。

因為近藤的管理嚴厲，隊士當中有二十幾個人因為這些規定而被迫切腹、斬首，或者遭到行刑式的暗殺。但這樣的恐怖主義管理風格，由於被冠上「武士道」的名號，不僅沒有打擊到隊伍的士氣，反而讓隊員們面對戰鬥時，顯露出剽悍不怕死的氣概，於是「新選組」成為松平容保最有力的武器。

幕末的京都，仍然是一個階級社會，儘管容保深知近藤等人的戰力較強，但由於「新選組」人幾乎都不是武士出身，因此他們負責警戒的，是以京都花街祇園、以及附近町人活動為主的區域。而比較晚組成，但是由武士組成的「見迴組」，就可以負責皇居、二條城等貴族、官員活動區域的警戒工作。

讓新選組立下大功的「池田屋事件」

不過在大亂的時代，講求的仍然是實力。近藤深知，只要立下功勞，就有辦法扭轉局勢。而扭轉「新選組」地位的一場重要戰役，一八六四年六月五日發生的「池田屋事件」就在這個時候敲開了「新選組」的命運之門。

前一年的「八一八政變」後，京都的氣氛不變，攘夷派實力大弱，零散斬殺佐幕人士的「天誅」行動有之，但都不成氣候。以長州為首的攘夷人士，希望能夠將四散的「尊王攘夷」勢力再一次集結，於是密謀要趁著夏季舉行祇園祭的時候，斬殺松平容保，並將天皇綁架到長州。但這個計畫不幸在行動前遭到新選組偵破，被捕的志士古高俊太郎禁不起嚴刑拷打，將整個計畫始末都供了出來。

眼見計畫將要破局，因此充滿危機感的四十多位勤王浪士們，隨即在三條、木屋町通附近的「池田屋」聚會，商討事發後續的處置措施。知悉此事的新選組隊員們，在等不及會津藩兵的支援下，以二十多人的兵力匆促出兵。

攘夷和佐幕雙方在池田屋激戰，沒有防備的攘夷志士們死傷慘重，領導長州這邊的吉田捻磨、領導肥後藩士的宮部鼎藏等七人，都在這一場亂鬥中戰死。長州的攘夷領袖桂小五郎因為遲到而逃過一劫，拚命逃離了京都市區。隨後聽聞混戰趕到的會津藩兵花了兩天的時間，將殘留者二十餘人一一逮捕。統計勤王志士們一共七死四重傷，而討伐的「新選組」僅一死二傷。

池田屋一戰讓「新選組」名氣大盛，這些浪士組成的警備兵力，戰鬥力竟然比會津藩兵，或者是真正武士組成的「見迴組」更強，這些奇聞軼事，都引來京都民眾的八卦熱議。近藤勇因為立下功勳，讓「新選組」不僅得到幕府六百兩賞金，並且聲望大增。

強弩之末

在接下來的時間裡，是「新選組」最活躍的時候，隊伍不單單只承擔維持地方秩序的任務，更被編入征伐長州的部隊當中，一步一步地擴大組織，最盛時期旗下有十個分隊，還有監察、勘定等幕僚單位，近藤勇本人更被提拔為「旗本」[12]的幕臣階級，可以對將軍進言，他對提拔自己的幕府於是忠心耿耿，一片赤忱。

不過，「新選組」的強大，並不代表他們所支持的幕府一方實力也在增長。相反的，以組織的常態來觀察，正是因為幕府的實力越來越弱，浪士出身的近藤勇才有機會參贊機要。整個國家大勢顯然不利於幕府，在第二次長州征伐當中，將軍德川家茂忽然病死，而轉支持「公武合體」，讓攘夷派聲勢大衰

12. 指在江戶時代俸祿未滿一萬石，但有資格在將軍出場的儀式上出現，且階級在御目見以上的德川直屬家臣的統稱。

的孝明天皇，也在幾天後死亡。感覺情勢已變，急著要返回會津的「京都守護職」[13]松平容保，向幕府、朝廷都表達堅定的辭意，但都未獲許可。情勢越來越不利於幕府，跟隨幕府的「新選組」，也成為強弩之末。

在最後的將軍德川慶喜決定「大政奉還」後，政治情勢仍然逼著幕府必須走上絕路。慶喜本來奉還權力的如意算盤是這樣打的：要比號令諸侯的實力，初代總理大臣以聲望來論非他莫屬。但薩長兩藩並沒有打算讓這件事成真，因此對慶喜步步進逼，「武力討幕」的力量興起。

新選組的解散和敗亡

很快地，薩長兩藩就揮軍東進，一八六八年一月，倒幕、擁幕的東西兩軍在鳥羽、伏見一帶激戰。站在幕軍這方的近藤勇，帶著「新選組」成員們，在這一戰當中和會津兵們並肩作戰，但情勢顯然對幕軍不利。首先是幕軍聲勢不佳，戰況不利，接著連幕府派來守備伏見的藤堂軍也轉投薩長一方，將砲口掉轉猛轟幕軍。藤堂軍的見風轉舵之舉，被嘲笑頗有首代高虎之風，當年高虎也是自秀吉麾下，投入贏面較大的德川家康。藤堂家的選擇，決定了戰爭的勝負。鳥羽伏見一戰中，薩長軍不僅打贏了仗，還拿到代表官軍的錦旗，讓幕軍變成「賊軍」。

慶喜戰敗後搭著輪船逃回江戶，剩下的殘兵敗將，就一路往東撤退。而容保的會津兵當然是趕快退回會津守備。四散的兵丁當中，近藤勇算是敗兵之中還能言勇的將領，他很快地以「甲陽鎮撫隊」的名義組織殘部，在古稱甲州的山梨一代跟薩長軍再戰，希望能夠拖延已經變成「官軍」的薩長軍進入江戶的時間。

當然，勢不可免的敗戰還是到來。山梨這一戰當中，「甲陽鎮撫隊」不僅打了敗仗，主將近藤勇還在下總流山一帶被俘，並且被帶到江戶的板橋一帶斬首。現在板橋地區，還留有近藤勇的墓碑。「新選組」五年的風光一下如夢幻泡影，如露亦如電的消失，而近藤三十五年的人生，也就這樣被劃上句點。不過也許是「敗者的美學」之故，近藤勇雖然不受到後來的明治政府所喜愛，但他對提拔自己的幕府以及容保所展現的一片赤忱，至今仍然為人們所稱道、紀念。

13. 文久二年（一八六二）推動幕政改革時所設置的役職，擔負京都城內的治安維持，以及京都御所與二條城的警護。

建立蝦夷共和國的榎本武揚和土方歲三

戊辰戰爭發生之後，拒絕投降的幕臣逃到北海道的箱館，成立了「蝦夷共和國」，並且透過選舉，選出了榎本武揚為總裁。原先是希望可以跟明治政府對峙一陣子，但因為土方歲三莽撞的偷襲行動，加速了明治軍的攻擊，擁幕軍在最後的「箱館戰爭」中潰敗，明治政府終於統一了日本。

有些人天生就是適合當副手，但這樣的人如果有幸得到機會成為大將，指揮全局，也可能就圖窮匕現，無法堪當大任。土方歲三就是這樣的人，做為「新選組」的副長，土方歲三深受同儕敬重，無論在領導力、輔佐力、格局、謀略各方面，他都是近藤勇副手的最佳選擇。但是率隊鬥毆他沒問題，真正領兵作戰，他顯然能力不太足夠。

略懂管理的土方歲三

在前往京都之前，土方的老大近藤勇只是個道館主人。道館必須要管理，也要有一起教劍的師傅，近藤找上他的結拜兄弟土方一起來管理這個道場。當時的「試衛館」並非名門道場，但時代在變，很多農民、商人的子弟都被送到道場學劍，因此也算可以經營。土方幫近藤管理道場，倒也管理得頭頭是道。

時代正在大亂，近藤和土方響應了浪士清河八郎的呼籲，在幕府的支持下，以保護將軍為名，跟著一團浪士上了京城。路途當中，浪士們要輪流當行政公差安排食宿，近藤大而化之，偶爾會出包。有一次忘了幫當時很紅的水戶天狗黨殘餘芹澤鴨等人安排好住宿，結下冤仇，當時也是土方歲三出面收拾殘局。

土方歲三。

土方這位有情有義的副手，不只收拾殘局，在浪士隊改名「新選組」

後，跟著近藤一起著手安排組內政變，刺殺了當時屢屢生事，引起「京都守護職」松平容保不爽的芹澤鴨，讓近藤如願以償當上新選組局長。接下來，土方就一直以副長的角色，處理「新選組」的大小事務。他的行政能力極為出色，治軍也非常嚴厲，在他的輔佐下，「新選組」無論名氣、實力都蒸蒸日上，可以說如果沒有副長土方，近藤勇一個人絕對幹不來局長的位置。

不過就算有鐵的紀律，再強的能力，時代的浪潮一旦襲來，擋也擋不住。隨著幕府權威江河日下，「新選組」不僅分裂自相殘殺，更在「大政奉還」後失去了權威，成為擁幕軍的一員。在大軍和槍砲之中，武士自然不再顯眼。

「鳥羽伏見之戰」[14]後，新選組跟著幕軍一路敗退，近藤勇本人也在下總流山（今千葉縣流山市）一帶被俘。新選組的餘黨，在土方的帶領下，一路從江戶退到東北，「會津戰爭」[15]再敗後無處可去，面臨被新政府剿滅的危機。所幸剛好碰上舊幕軍的海軍將領榎本武揚決心脫離明治政府的監控，開了幾艘船脫離江戶灣一路往北，在仙臺附近的松島灣接走了這些餘兵殘黨，他們才順利往北海道的函館逃去。

蝦夷共和國總裁榎本武揚

榎本武揚是勝海舟的學生，「大政奉還」後，勝跟榎本談了很多次，希望保留舊幕府海軍的實力，讓政權和平轉移，再一起為新政府的外交國防來努力。因此他一直認為榎本不可能背叛，但榎本還是背叛了勝。勝海舟知道這件事非常難過，但也無力回天，在日記中寫下「嗚呼士官此輩，我之號令不行」。

函館附近的弘前藩跟松前藩，在江戶時代的諸侯中，都可以說是邊緣中的邊緣，無論是行政能力、戰鬥能力都很差，根本無法打仗。而這支節節敗退的部隊，雖然是敗軍，但戰鬥經驗卻非常豐富。土方歲三首次領兵，先是打敗了代表明治政府駐守箱館五稜郭的弘前藩兵，接下來又勇猛大破松前藩，算是旗

14. 支持明治天皇的新政府軍和支持德川幕府的軍隊於一八六八年一月二十七日到三十日期間，發生的一場戰役，戰役以新政府軍的全勝告終。
15. 「戊辰戰爭」在東北地區的一場激烈戰役，時間為一八六八年十月到十一月，戰爭以會津若松城開城降服告終。

榎本武揚。

開得勝。也因為這場實力懸殊的戰役，確立了當時叫做蝦夷地的北海道，可以在明治政府的治理之外實際獨立。

在榎本武揚的帶領下，這批占領蝦夷地的舊幕軍，在一八六八年正式組成了一個新政府，將管理區域取名為「蝦夷共和國」，舉辦了武士才能投票的「民主」選舉，推選最高票的榎本武揚為總裁。雖然壽命很短，但應該可以算是亞洲第一個民主共和國，雖然當時的階級差異的民主定義比較「古典」。

失敗的宮古灣海戰

榎本當選總裁之後，本來仗著津輕海峽天險，以及舊幕軍最強的海軍實力，確實有足夠的實力跟明治新政府作對了一段時間。但天有不測風雲，榎本手

（左）開陽丸；（右）甲鐵，又名東艦。

中的最大船「開陽」在巡航時意外觸礁沉沒。同時，明治政府終於克服萬難，繼承了舊幕府向美國訂購的新船「甲鐵」的購買權，並且將船拿到手，在平定東北後不久，就繼續向北海道發動征伐。

一八六九年，舊幕軍的指揮官土方歲三為了拖延明治軍的北伐，想了一個怪招，他認為，如果打不贏「甲鐵」，那就趁月黑風高把「甲鐵」搶到手。於是他指揮了三艘戰艦偷偷駛入岩手附近的宮古灣襲擊「甲鐵」。不幸的是，月黑風高的時候，船通常不太好駛，出門的三艘船一艘故障、一艘失蹤，只有「回天」成功駛入宮古灣，因為掛著美國旗所以可以輕易接近「甲鐵」。

但人算不如天算，「甲鐵」的甲板比較高，「回天」上的戰士根本搶不到船，還被「甲鐵」的機槍掃得東倒西歪，艦長陣亡，這場搶船鬧劇告終。到底是武士出身的土方，看起來並沒有能力打海戰，也無法堪當指揮官的重任，於是這場「宮古灣海戰」就以舊幕軍一敗塗地告終。

戊辰戰爭的最後決戰點箱館

被襲擊的明治軍，立刻加緊了北伐的準備，一八六九年四月，雙方在箱館灣展開海戰。但從先前幾次作戰，船隻有些觸礁、有些失蹤的狀況來看，當時的日本人對於海上駕船顯然不太熟悉，因此即使海戰持續了整個白天，但雙方只是發射了許多砲彈，損失極微。倒是舊幕軍的主力艦之一「千代田」在海戰後意外觸礁，被明治軍搶走，讓幕軍再次損兵折將。

而在陸戰方面，明治軍也銳不可擋，一路從海邊登陸、挺進，向五稜郭發動攻擊。負責指揮陸戰的土方歲三即使奮力抵抗，但並沒辦法阻止戰爭的失敗，土方自己也在從五稜郭趕往弁天砲臺救援的路上中彈身亡，部隊也很快就在海陸都潰敗之下投降。短暫的「蝦夷共和國」政權滅亡，明治政府終於統一了日本。

黑田清隆。

活下來的榎本武揚

至於「蝦夷共和國」的總裁榎本武揚，倒是活了下來。榎本武揚是荷蘭留學生，對「萬國公法」相當熟悉，他在投降的時候，將手上的一套「萬國公法」交給明治軍的指揮官黑田清隆。黑田早知道榎本的能力，因此力保榎本不死。

坐了幾年牢後，榎本武揚很快就被釋放，先擔任當時「北海道開拓使」的黑田的次官，後來更被政府委以重任，先後出任駐俄、駐清公使，也出任過海軍、遞信、外務、農商等重要閣員位置，彰顯了明治時代裡，政府對於才能的重視。至於才能是武功高強的土方歲三，在大時代裡面顯然沒有用武之地，只能被後人以「新選組」副長的名義所記憶。

促成江戶無血開城的勝海舟

日本海軍的創建者勝海舟，是一位有遠見、勇於嘗試新事物的幕臣。他是幕府第一次派遣訪美的使節，也是培養出許多優秀人才的第一個非官方海軍學校「神戶海軍操練所」的創辦者。他對明治維新最重要的功勞，就是跟西鄉隆盛協商，促成了江戶無血開城，幫江戶人民躲過了一場戰火劫難，也保住了最後將軍慶喜的小命。

兩國是東京的老區，如果正逢比賽季節，走在路上很容易遇到相撲力士。國技館旁的江戶東京博物館，是日本小學生校外教學必去的地方，裡面對於江戶時代的歷史、文物收藏詳盡，算是歷史迷必去景點。離開博物館，兩國附近也有許多特定歷史景點，維新時期，讓江戶免去戰爭，無血開城的勝海舟誕生地，就在這裡。

勝海舟的誕生記念碑，位在兩國小學校旁邊的公園，因此勝海舟的紀念碑旁邊，總是有孩子的嬉鬧聲。碑旁邊是一座司令臺，有一塊小小的立牌寫著非常懷舊的「收音機體操臺」，可想而知，這個公園應該是社區居民早起運動、下午遛小孩的所在。

首度搭乘「咸臨丸」跨越太平洋的幕府使節

本名勝麟太郎的勝海舟，是日本海軍的始祖人物。但勝家是旗本武士，並非諸侯出身，能在幕臣當中出類拔萃，靠的還是自身的能力。一八五三年勝海舟向幕府提出海防意見書，開始受到重視，這段期間，他學習蘭學、精進知識，一八六〇年，他受幕府指令，跟後來成立慶應大學的福澤諭吉，一起乘搭乘「咸臨丸」，跟著幕府使節團前往美國換約，幕府此舉一方面是希望向外國學習，一方面也是希望能夠看看海軍講習所的訓練成果。這一趟跨太平洋旅行，讓他大開眼界，感受到日本不是特別的國家，而是世界的一分子，開始有了國際視野。

勝海舟。

因為見過世面，勝海舟的各種思想，也一直都領先時代。大家還在大喊

「尊王攘夷」的時候，他每天拿著地球儀，到處跟人家解說世界很大，日本很小。大家還在為藩國的發展憂慮時，他已經在思考什麼是「日本」。

成立「神戶海軍操練所」

回國之後，勝海舟授命出任軍艦奉行，要在日本組建海軍。在鎖國的時代裡，海軍可以說是聞所未聞的觀念。勝海舟不僅在官辦學校教書，還在神戶開設了新的海軍操練所，並且大量招募各地浪人加入海軍行列。其中最有名的一位，就是坂本龍馬。

據說坂本龍馬年輕時要去見勝海舟，勝海舟聽見有武士求見，只說「他是來殺我的」。但是他也沒逃，拿著地球儀，天花亂墜地說服了龍馬做他的子弟，讓來自土佐的鄉巴佬龍馬，見識了世界之大。

但也因為見過世面，他眼中看見的不僅僅是幕府，更是整個「日本」。可以說他是很早就擁有現代國族主義（nationalism）概念的日本人。幕府培養他，是欣賞他的能力，但當他所知道的，超過幕府想要讓他知道的，他就變成不可控制之人。這些過於先進的想法，逐漸讓勝海舟在幕府將軍、大老眼中變成異端，所以遇到「安政大獄」這種規模的政治鬥爭時，也只得默默隱居。

保住慶喜的小命

一八六八年的冬天，曾任軍艦奉行，但暫時謫居在家的勝海舟聽見江戶灣的軍艦禮砲，知道最後的將軍慶喜已經因為政治上、戰爭上的失利，而回到江戶。這幾年，幕府諸事不順，不只是權威衰退，還因為「王政復古」，將權力歸還天皇，後續還惹了一身腥。

慶喜最早的計畫，是透過「王政復古」，維持一個諸藩共治的政體。作為得到大多數藩廳支持的他，雖然失去了將軍位置，但仍然能因為各藩擁戴而保有實權。這個主張和維新名人坂本龍馬的「船中八策」[16]很接近，據說坂本在寫新閣建議名單時，在領袖的位置留下了一個○○標記，咸認這個○○

16. 坂本龍馬在被暗殺前所提出的新國家體制基本方針，其內容如下：「一、天下政權還於朝廷，政令應當出於朝廷。二、設上下議政局，置議員以參萬機，展公議以決萬機。三、公卿諸侯，以致天下人才，舉其有能，並且賜官晉爵，以為顧問，另削有名無實之官。四、廣採公議以交外國，檢討規約以定其當。五、覆核古有之律令，撰定完善之法典。六、擴張海軍。七、置親兵以衛帝都。八、金銀貨物等市易之事，應參照外國，定其宜當之法。」

鳥羽伏見一戰中，維新軍不僅打贏了仗，還拿到代表官軍的錦旗奉令，讓幕軍變成「賊軍」。

就是慶喜。

但慶喜的如意算盤並沒有得逞，在薩摩藩西鄉隆盛的領導下，維新軍從天皇手中得到錦旗奉令，而成為「官軍」。本來想要繼續維持政權的慶喜幕軍，一夕變成「賊軍」。雙方部隊在鳥羽伏見交火，維新軍大獲全勝，慶喜才因此搭上戰艦，夾著尾巴逃回江戶。慶喜對錦旗一事耿耿於懷，回到江戶召見長期謫居的勝海舟時，開口的第一句話就是「他們有錦旗」。

勝海舟早知慶喜會來約見，因為在慶喜人馬當中，唯一一位受到西南雄藩等維新人士敬重的幕臣就是他。在寒風中，勝海舟被慶喜交付一個任務——投降。慶喜是聰明人，他面臨的處境他自己最清楚，示弱是他最佳的處置方式。他希望藉著示弱表達自己的善意，換得新政府寬大的處置，也博得人民的同情。

促成江戶無血開城

勝海舟關心的和慶喜不一樣，他在意的是一旦發生戰爭，雙方兵力接近，繁榮的江戶勢必生靈塗炭，對未來日本的團結與復興並無好處。基於這樣的憂慮，勝海舟銜命與討幕軍首領西鄉隆盛會談。

勝海舟跟西鄉隆盛本來就認識，西鄉對勝海舟推崇備至。當神戶海軍操練所因為捲入「池田屋事件」而遭到關閉的時候，也是因為西鄉隆盛伸出援手，才讓塾頭坂本龍馬等人有機會在長期成立貿易公司「龜山社中」，繼續推動倒幕事業。

在維新軍的包圍下，勝海舟來到了江戶的薩摩藩邸，兩人對飲之間，西鄉一開始只願意保證孝明天皇妹妹和宮的安全。雙方沒有談出什麼結果，過了兩天，勝海舟再一次拜訪薩摩藩邸，憑著三寸不爛之舌，最終說服了西鄉停止對江戶總攻擊。

堅守於上野寬永寺的「彰義隊」。

雙方達成了「無血開城」的共識後，維新軍輕鬆地進入江戶，省去了一場戰火。當然，零星的反抗也不是沒有，基地在上野寬永寺的「彰義隊」，就和維新軍打了一仗，但大勢不利於幕府一方，很快就往北一路敗逃。

江戶無血開城雖然沒有終止整個戊辰戰爭的戰火，但至少阻止了江戶面臨毀滅，不僅大多數江戶人可以活著見證時代的改變，也讓「大政奉還」後的天皇，可以順利遷都江戶，並將之改名東京，成就了至今的首都風華。

原先拜託勝海舟去辦好投降業務的慶喜，也因為勝海舟辦事得力，而留下一條命，維新之後還受封公爵，擁有可以晉見天皇的特權。不過慶喜也是聰明人，知道人家並不喜歡他，以打獵遊覽的悠閒生活度過了餘生。

成功避去了一場大戰的勝海舟，被歷史記憶了下來。政府也在他的出生地兩國立了一座碑，旁邊留下一張椅子，讓人們可以隨時憑弔，想像他坐在那，看著公園裡遊玩的孩子；想像著未來的日本，應該要是什麼樣子的國家。

朝廷

難以駕馭的權力

當幕府權力衰退，王政復古成為志士們對朝廷的期待，
朝廷真的有辦法扛起這份天外飛來的權力嗎？

變來變去的孝明天皇

孝明天皇是一位討厭外國人的天皇，面對船堅砲利的威脅，他拒絕幕府開國的要求，並且要求幕府推動「攘夷」。但他所依靠的幕僚，卻是一群被不知天高地厚的「尊王攘夷」派武士簇擁的公家大臣，根本無法成事。面對這樣的處境，他最後只能接受幕府「公武合體」的訴求，將妹妹嫁給家茂將軍，並且轉向鎮壓攘夷志士。於是後世記得這位天皇的方式，也就是「變來變去」了。

明治維新的主角，當然是明治天皇。但整個幕末風起雲湧的時代，主要都在他的父親孝明天皇任內。這位孝明天皇最有名的就是變來變去，一開始他是攘夷的先鋒，在土佐、長州武士的支持下，多次質問將軍家茂為何遲遲不敢上京，不能宣布攘夷。但過了一陣子以後，他又立場一變，接受了跟幕府友好的會津藩主松平容保接任「京都守護職」職務，大舉追殺京內因為他支持攘夷而到處活動的志士。

孝明天皇。

這位變來變去、影響時勢的孝明天皇，從小學問就不錯，現在的皇族學校學習院大學前身，就是孝明天皇為了皇族、公卿子弟學習所創立。這位天皇可能因為受的教育很國粹，不喜歡外國人，在培里率領黑船叩關的時代，孝明天皇對幕府簽訂的條約深感不以為然。

年輕氣盛的孝明天皇

黑船來的時候，孝明天皇二十六歲，還是一位年輕人。他面對最大的問題，在於長期掌握朝政的老太閤鷹司政通，依然是朝中權力最大的人。鷹司政通名為政通，他施政的原則也是政通人和。他掌握的公家政權，和武家關係良好，鷹司本人支持開國，和年輕氣盛的孝明天皇反對開國的態度，隱隱藏著裂痕。

由於鷹司的立場，條約剛剛簽訂的時候，無論在公家、武家，儘管很多人是不得已、不得不接受開國要求，但是支持條約者幾乎都是多數。這樣的立場，讓孝明天皇覺得很不爽，也因此跟鷹司政通發生衝突。由於鷹司家久理朝政，朝中不喜歡鷹司政通的公家其實很多，他們趁著這個機會，結合起來對天皇強行上

日本皇族、公卿子弟的學校——學習院。

訴，要求朝廷要硬起來，不能接受喪權辱國的開國條約。天皇順勢拒絕了條約，這下朝廷立場已定，攘夷就是他們對黑船的回應。

幕府老中崛田正睦等人，是第一線上直接面對船堅砲利外國人壓迫的官員，當然對被無能公卿圍繞的天皇不以為然。他們問朝廷如果因為拒絕條約而發生戰爭該怎麼辦，朝廷竟然回應「無可奈何」。崛田正睦聽到，氣得七竅生煙，覺得朝廷的人精神不正常。但是朝廷心意已決，崛田也沒辦法，回到江戶之後，他就被以「在京都行為不端」為由遭到貶職處分。

缺乏實力的朝廷

不喜歡外國人的孝明天皇跟公卿，手中沒有武力，真的要發動攘夷，還是必須要有武士的支持。天皇雖然要求備戰攘夷，但他手中並沒有武力，同時，他也擔心鷹司政通會逼他退位，讓幼帝繼承，再一次掌握權力。於是天皇透過公卿，多方探詢，發出密令，要求各藩出兵進京勤王，但各藩都沒有理會皇室。

山內容堂。

這時對皇室盡忠的，都不是來自藩意的個別武士。比如來自土佐的武市半平太，他組成「土佐勤王黨」，主張「一藩勤王」[17]，各藩包括土佐藩的老藩主山內容堂自己，都持冷眼旁觀的態度看待勤王黨的義勇激憤。另外當時很活躍的還有長州藩，當時長州是攘夷的主力，長州人在京活動，鼓吹攘夷活動，激烈批評幕府。

不過皇室的問題很清楚，沒有武力，就是沒有實力。天皇本人雖然希望實施攘夷政策，但並沒有推翻幕府的想法。對皇室來說，幕府被取代也是很麻煩的事，公卿雖然學問好、風雅足，但並沒有騎射的能力。在可能發生戰亂的時代裡，如果沒有武家的保護，皇室公卿就如喪家之犬。現在各藩都按兵不動，只有武市半平太這種小股武力在活動，對天皇來說當然是政治危機。

也就是說，孝明天皇雖然感受到外國人的壓力，但他希望的是幕府攘夷，而不是要從外面招來敵人來顛覆德川幕府。武市的做法讓他感受到壓力，而武市等小股武力在京都跟開國派人士的衝突，又多次引發暗殺事件等治安糾紛，也讓京都陷入腥風血雨。這些，都不是孝明天皇所樂見。

公武合體派的抬頭

一八六二年，孤立無援的天皇在公卿勸誡下，決定妥協，將妹妹和宮「下

17. 指傾土佐全藩之力，全力投入勤王運動之中。

嫁」給將軍家茂。雖然武家偶爾會娶公家女兒，或把女兒嫁給公家，但將軍娶天皇的親妹妹這種事，並不常發生，所以才叫做「下嫁」。和宮下嫁的原因很簡單，因為皇室不能再接受這種孤立無援的處境，「公武合體」成為當時朝廷、諸藩積極推動的方向，最清楚的合體指標，就是結為連理。

幕府既然說要攘夷，又推動了「公武合體」，原先在京裡活躍，引發許多治安事件的攘夷志士，就變成麻煩製造者。同是一八六二年，會津藩主松平容保銜命上京，出任「京都守護職」的警衛職務，孝明天皇在松平到京後，親自接見，賜予御衣、御甲，鼓勵他快速恢復京都秩序。

京都的秩序一旦恢復，將軍家茂又變成天皇的連襟，上京於是不再是問題。一八六三年，將軍家茂終於上京，並且承諾攘夷，孝明天皇的命令算是被看見了，於是放下一顆心中大石。

松平容保的警察職務並沒有因為將軍上京而停止，他上臺之後，陸續將沒有特定立場的浪士組織成新選組、見迴組，開始有計畫的追殺來自長州、土佐等地的攘夷志士。這其中最有名的事件，就是一八六四年的「池田屋事件」。這一起夜半突襲事件，造成攘夷派重大的傷亡，也迫使長州走向激進化的自我毀滅路線，掀起了整個幕末維新的大亂局。而回到土佐的武市半平太，也因為路線失敗，而被迫切腹。

無人搭理的攘夷決心

變來變去的孝明天皇，其實也可能沒有變。他最大的問題，在沒有實力。他一心想要攘夷，但幕府不支持，各藩也都冷眼以對。他拉攏各種力量，最後只得到武市半平太這種不成氣候的小股武力支持，不僅沒有攘成夷，反而造成京都治安的毀壞。因為各方都在敷衍天皇，因此天皇的攘夷夢想，最終並沒有實現。將軍家茂根本知道打不過外國人，只是迫於不能違逆聖意，敷衍地答應了天皇。

一八六三年五月十日，攘夷決行的期限到了的那天，日本風平浪靜，除了長州藩，沒有任何一藩發起任何攘夷行動。長州藩單獨攘夷，砲擊關門海峽外國船隻，引來四國聯軍在第二年報復性還擊，打得長州毫無反擊之力，許多原本堅決攘夷，拒絕開國的志士，體驗到帝國主義的大艦巨砲主義之後，紛紛改變想法，成為「開國攘夷」的支持者。

轉而支持幕府

但孝明天皇並沒有改變討厭長州的立場，他對幾年前的「禁門之變」[18]中，長州人拿大砲打朝廷的餘恨未消；另外，再一次依賴幕府武力的皇室公卿，其實也沒有能力反對幕府再一次得勢。孝明天皇依然支持幕府征伐長州的行動。

只是，幕府的衰敗只剩下孝明天皇看不出來，第一次長州征伐雖然成功，但是當長州的倒幕派再一次抬頭，幕府的第二次長州征伐隨即吃盡了苦頭。好死不死，一八六六年，將軍家茂也在此時過世，幕軍指揮官慶喜接任了將軍職務，不出半年，孝明天皇也跟著過世了。

天皇的死眾說紛紜，很多人都認為，這位天皇繼續執

明治天皇。

政，將成為倒幕派的障礙，因此被倒幕人士毒殺的說法有之。不過也有可能，是繼任的一橋派將軍慶喜跟天皇當年因為政治立場而有嫌隙，覺得天皇食古不化想要除掉他。總之，天皇死因成謎，但天皇的位置，由他的次子睦仁繼位，這位睦仁，也就是後來開啟維新時代的明治天皇。

18. 也稱作「蛤御門之變」，見〈姓松平的悲哀：末代會津藩主松平容保〉註8。

不是冤家不聚頭的三條實美和岩倉具視

三條實美和岩倉具視，是幕末明治時期最重要的兩位朝廷公卿，他們分別是「尊王攘夷」和「公武合體」的支持者，兩人的關係並不好，也一直在相互鬥爭。不過維新之後，兩人都成為新政府要員，於是兩人的恩怨情仇，只好繼續這樣下去，直到分出勝敗為止。

公家跟武家的情結

明治維新之前，日本政治中最主要的對立，來自公家跟武家之間。公家指的是朝廷的貴族，而武家指的是鎌倉幕府以來，武士政治確立之後的實質政權掌握者。公家人覺得善於打仗的武家人粗魯，而擁有兵力的武家人，則覺得公家人弱不禁風，據說男人連上小號都得蹲著，簡直不可思議。

武家統一天下，靠的是自己的實力。但在「萬世一系」的天皇體制當中，武家必須要從朝廷得到某項職務，才能夠實質參與國政。幕府的領袖叫作「征夷大將軍」，豐臣秀吉做過「關白」、織田信長當過「右大臣」，都是武家從朝廷受封職務的案例。為了得到官位，武家人雖然討厭公家，卻還是得討好熟悉禮制規則的公家人，好蒙受一官半職，來確立權位。因此，公家和武家之間，一直有種互相依賴，卻又互相看不起的情結。

三條實美和「七卿」

在幕末時代，「尊王攘夷」成為一時顯學，幕府搖搖欲墜，其中有許多公家人，當然也樂於參與其中。畢竟如果王權重新復興，幕府將權力歸還皇室，公家人自然可以擺脫幕府的權威，再一次掌握政權。因此許多公家人都很熱中於此道，比如三條實美為首的「七卿」，就是攘夷人士中最重要的領導集團。

三條實美。

在「尊王攘夷」之風盛行的時代，「七卿」可以說是朝政的最重要領導者，他們以天皇之名發出密詔，以天皇之名要求武家遵守聖諭，一時權威十足，不可一世。三條實美本人，還曾經在土佐藩士武市半平太的護送下，前往江戶質問將軍，為何攘夷行動遲遲不發，讓幕府頗為困擾。

推動「和宮降嫁」的岩倉具視

但是有人支持攘夷，自然也有人支持其他的主張。後來以薩摩藩為主，在幕末政治鬥爭之中占上風的「公武合體」派，在朝中也有人支持。他們之中最重要的支持者，就是岩倉具視。岩倉具視其實也是一位攘夷人士，不過他雖然不喜歡幕府擅自跟外國人簽訂條約的行為，卻認為比起攘夷志士或者他身邊的公家人，幕府還是比較可以依賴的政府領導者。

岩倉具視認為，國家要強，要先團結。光想把幕府推翻是沒有用的，推動「公武合體」的目的，就是為了讓朝廷和幕府可以齊心對抗外敵。他以三寸不爛之舌，建議天皇將自己的妹妹嫁給將軍家茂。在武家追求名位的時代，公卿女眷嫁給武家人是常態，畢竟武家經常出身不佳，需要透過跟貴族聯姻來提高血緣的權威性。

但天皇的妹妹紆尊降貴，嫁給武家，這種事算是很稀罕。

三條實美的復仇

在攘夷立場上變來變去的孝明天皇，自知身邊的浪人、公卿無法成事，終於在一八六二年那年，聽了岩倉的話，讓妹妹嫁給家茂將軍，史稱「和宮降嫁」事件。「和宮降嫁」固然是公武合體派的勝利，但也讓三條實美等一向對幕府沒好感的公卿非常不爽。三條等人於是製造輿論，把幾位政敵放在一起，稱為「四奸二嬪」，說岩倉具視等人是「佐幕派」，要求岩倉辭官下臺。

由於彈劾岩倉的都是朝廷的重要人士，不僅有三條實美等攘夷派，當時的「關白」近衛忠熙也加入彈劾岩倉的陣營，岩倉只好離開京都，到北部的岩倉一代幽居。今日搭乘往比叡山、鞍馬貴船的「叡山電車」時，有經過一站「岩倉」，就是岩倉當年幽居之處，他所住的房子也被保留下來。

近衛忠熙。

落難七卿

不過政治氣氛的改變其實很快，一八六三年夏天，因為孝明天皇對攘夷態度轉趨保守，京都的政治氣氛有了改變。會津藩主松平容保接任「京都守護職」，新選組跟攘夷志士在街頭火併，京都顯然很不平靜。

原先得意的三條實美等攘夷派公卿，也因為公武合體派掌權，被罷免官職。隨著情勢越來越嚴峻，七人被迫離開京都，史稱「落難七卿」。這七個人先逃到長州，又在長州接連在「池田屋事件」、「禁門之變」中遭到重創下，被幕府在壓力下強送到九州的太宰府，逃到太宰府時，出發時七個人到太宰府只剩下五個人。

岩倉具視的復出

得到機會復出的岩倉具視，並不贊成幕府對長州追殺到底的做法。跟他一向交好的薩摩人，也對幕府的做法非常保留。後來局勢再次轉變，薩摩因為浪人坂本龍馬、中岡慎太郎牽線，跟長州訂立密約，使得幕府衰敗的政局方向變得無可挽回。岩倉也差不多在此時，被解除幽禁，再次復出執政。這時，那位變來變去的孝明天皇忽然過世，很多人於是懷疑這是岩倉一派人幹出的好事。

岩倉是否涉入孝明天皇的死，並沒有什麼證據。但隨著明治天皇在一八六七年即位，岩倉具視的影響力也越來越大。這時，他過去的死對頭三條實美突然又活了過來。「王政復古」已經實現，幕府也注定要衰亡。最後的將軍慶喜雖然能幹，但薩摩人跟長州人達成了共識，不能讓「大政奉還」後的政治繼續讓德川家掌握，武力討幕的呼聲四起，原先幽居在太宰府，主張積極攘夷的三條實美，再一次躍上政治舞臺。

維新後的三條和岩倉

狹路相逢的三條跟岩倉，在維新後分別出任「太政大臣」跟「右大臣」，他們都是維新政府最重要的角色。面對彼此長期的恩怨，要選擇放下還是繼續爭執，讓兩人都陷入天人交戰。

岩倉具視的個性其實不太像傳統公家人，一般總認為，公家比較孱弱、猶豫，因為貴族出身，對於險惡的環境無法作出果斷的抉擇。三條實美的個性確實如此，但岩倉具視卻不是這樣的人，他意志堅決、行動果斷，在公卿當中算是特立獨行者。他之所以會捲入孝明天皇之死的風波，也是因為這樣的個性所導致。

維新之後，三條實美雖然因為出身和政治選擇，而占了比較高的位置，但其實整個明治政府的人都知道，三條先後擔任的右大臣和太政大臣，都是因為薩長人士覺得他貴族出身又好控制，其實他根本位高權輕。但岩倉具視就不一樣，一樣做過右大臣，沒有人會覺得岩倉是傀儡。

岩倉具視。

「岩倉使節團」和三條實美的看守政府

一八七一年，日本政府決議派出一個使節團出訪歐美，一方面為了改正條約，一方面也是為了到西洋去長見聞。但政府也陷入了一個父子騎驢的困境，如果派遣有實力的人出去，那就難免影響到國內政治；但派一些無關緊要的人出去，又沒有辦法達成使節團出訪的目的。

幾經協商，這個多達百人的使節團，就決定由「實力派公卿」岩倉具視領軍，帶了四位副使，分別是長州出身的木戶孝允、伊藤博文，佐賀藩出身的山口尚芳，以及薩摩藩出身的大久保利通出訪。這五人當中，只有伊藤博文有短暫的歐洲經驗，但以使節的身分出訪歐美，這是日本史上頭一遭。

實力派人士出訪，那留在國內的人，對於政治的改革任務，應該要繼續推動，還是要暫時停止，就成為爭議。其實，當時木戶孝允跟大久保利通的關係很緊張，但兩人都知道這樣的緊張關係無助於改革計劃，因此大久保期待因為兩人共同出訪，讓國內的恩怨有機會放下紓解。大久保這樣想，於是也去找了當時對新政府也很有怨言，決意辭職回鹿兒島的西鄉隆盛復出，希望西鄉能夠擔任這個看守政府的主腦，維持日本國內政治的穩定。

岩倉使節團。

岩倉使節團出訪，太政大臣三條實美當然就是留在國內的最重要政治人物。但大久保找來西鄉，其實也是知道如果沒有像西鄉這樣的實力派人物待著，三條根本壓不住國內的政局。使節團跟留守首腦們幾經協商，達成了大家要同心協力的共識，約定不要有議論、矛盾、目的、差別產生，全力維持國內政治的穩定。

但訪問團前腳才踏出門，日本國內的政局就陷入一團混亂。留守政府為了解決一連串的問題，連續推動了學制改革、徵兵改革、地租改正、陽曆採用等一大串的激烈改革措施，讓岩倉使節團的成員們非常傻眼。事實上，岩倉使節團的出訪，打破了明治政府一開始讓西南雄藩的薩長土肥在內閣任命中平衡的方案，一連串的改革行動，其實也包括土佐和肥前對薩長兩藩的奪權行動，以及西鄉對於先前廢藩置縣、徵兵改革等方案的不滿反撲。

讓三條猶豫不決的「征韓論」

政局空前複雜，三條實美面對問題猶豫不決，又被西鄉隆盛、土肥對薩長的藩閥鬥爭牽著鼻子走。在海外的岩倉具視、木戶孝允等人，對三條的懦弱非常不高興，就連請西鄉再出山的大久保利通，都覺得對他們把國內政局搞成這樣很有怨言。而三條這時候又面臨了空前的壓力，就是西鄉隆盛主張要攻打鄰近的韓國。

日本歷史上，攻擊韓國的行動屢見不鮮，但過去從來沒有成功過。不僅沒有成功，秀吉的時代還因為征韓，而埋下了政權垮臺的種子。西鄉之所以興起征韓的想像，主要是因為維新初期的政治相當混亂，無論農民一揆、士族叛亂都很常見。實施徵兵制度之後，武士已經沒有用武之地，沒事幹的武士成為社會亂源之一，西鄉認為應該要找點事情給他們做。這時，「懲罰」一向依賴清國，拒絕跟維新西化後「離經叛道」的日本交往的韓國，就成為西鄉考慮發動戰爭的出口。

西鄉所想的當然是事實，但西鄉顯然太單純，他不僅是以「上國」姿態看待韓國，更沒有考慮到在日本國內政治還一團亂的時候，貿然發動征韓，不僅會造成國際輿論對日本的壓力，也必然引來清國、俄國的干預。況且，因為要解決自己的國內亂局，而把戰爭的災禍推給鄰近國家，這也不是一個符合當時國際秩序的做法。

可是三條實美並沒有辦法拒絕西鄉，不僅沒法拒絕，他唯一能做的，是寫信給岩倉具視訴苦，跟他說使節團如果再不回來，政府就要被西鄉整碗捧去了。

三條猶豫不決的老毛病沒有改，他答應了西鄉提出的諸多改革方案，卻又扭扭捏捏的跟岩倉等人抱怨他對強勢的西鄉無能為力，他任命西鄉為遣韓大使，但又叮囑西鄉務必等到使節團回國再行動。

因為精神錯亂下臺的三條實美

人在海外的岩倉具視、木戶孝允和大久保利通，再也受不了三條的無能和西鄉的專斷，木戶孝允、大久保利通分別提早結束行程回到日本。但他們回國之後，卻感覺到政府的不可控制。原先意氣風發的木戶孝允，情緒陷入低潮，身體也出現警訊，經常掛病號。

大久保利通就是在這個時刻，登上了自己人生的高峰，他是新政府當中唯一可以壓過西鄉的人。岩倉具視帶著他，再三的遊說三條實美，告訴他征韓絕不可行。猶豫不決的三條一面要面對岩倉、大久保的壓力，一面又要面對維新第一大功臣西鄉隆盛的主張，竟然承受不住病倒了。大久保一聽到這件事，立刻指控三條精神錯亂，不能視事，上奏朝廷讓岩倉取代三條。

大久保這一招很快就奏效，岩倉奪權後，立馬向明治天皇進言征韓不可，並且強調他做的判斷，是因為目睹歐美各國現狀、盱衡情勢所得到的結論。於是，西鄉為首的「征韓派」敗下陣來，他鬱鬱辭去政府職務，回到鹿兒島，大久保和西鄉也因此從盟友走向對立，也為後來發生的「西南戰爭」[19]埋下了種子。

19. 一八七七年四月至十月，在西鄉隆盛領導下的士族，以清君側之名義所發起戰事，結果西鄉軍戰敗，也宣告了武士時代的結束。

長州

最激烈的「倒幕」推手

倒幕最重要的力量就是長州，這群志士們有一個共通點，
他們都和吉田松陰創辦的「松下村塾」有關……

長州的啟蒙者吉田松陰

吉田松陰是幕末最有影響力的人，他成立的「松下村塾」培養出無數後來參與維新的志士，將日本帶向新時代。他曾經幾度脫藩，還曾經登上培里的軍艦意圖偷渡，但卻因為失敗而入了獄，後來他因為密謀暗殺幕府重臣而被處死，但他短暫而叛逆的一生所留下的精神，卻永為後世所懷念。

幕末的長州，是倒幕諸藩當中的領銜者，可以說沒有長州，就沒有後來的大政奉還與明治維新。而在這波瀾壯闊時代中的啟蒙者，如果吉田松陰說他不是，那大概沒有人敢說自己是吧。

不太聽話的天才兒童

這位年紀輕輕便因為「安政大獄」而犧牲的長州志士，小時候就展現不凡之處。他九歲的時候就被送進藩校「明倫館」讀書，十一歲就因為「天才兒童」

的美名，在藩府為毛利敬親講述山鹿流兵法。二十歲的時候，松陰第一次外出旅行，在九州認識了一輩子的好朋友，後來在「池田屋事件」中犧牲的宮部鼎藏。

二十二歲的時候，松陰做了一個大膽的決定，他決定跟宮部一起出發，到東北考察海防。在江戶時代，人民出門是需要經過特別允許的，松陰還沒有等到申請過關，就偷跑去東北，算是「脫藩行為」，嚴重挑戰藩的權威。

但對松陰來說，只要應該要衝的，他就會衝。藩裡的規定如何，那是藩裡的事。考察海防的過程當中，松陰認識了許多有趣的人，像是在會津的日新館，認識了後來協助同志社大學創辦的山本覺馬、水戶名人會澤正志齋等人，這一趟旅行不僅讓他見識了日本海防的脆弱，也讓他的眼界大為開闊。

吉田松陰。

不過脫藩一事，他畢竟自知理虧，回到長州後向藩內自請處分，被剝奪武士資格、家祿沒收，也算是一人惡搞、全家倒楣，他生性務實的大妹阿壽對此頗有怨言。

但畢竟是曾經在藩主面前教過兵書的天才兒童，正圖求富國強兵的長州藩，很快地就原諒了松陰，並且讓他得到到處旅遊考察的許可。松陰也利用這個機會前往江戶。

意圖偷渡出境

就在松陰訪問江戶期間，美國特使培里提督的黑船來到浦賀港外，當時松陰正在名儒佐久間象山門下學習，整個象山塾為了黑船而沸騰。松陰深深感受到過去所學習的兵法是不夠的，在這個新時代當中，如果不認識西洋新知，無論是知識上或軍事上，日本都會因此遙遙落後西方諸國。「黑船」的來臨，又再一次讓相信情報收集應該要「飛耳長目」，親身所至、眼見為憑的松陰心癢癢，想要偷渡出去認識日本以外的世界。

他先是聽到有俄國艦隊要從長崎進港，於是密謀要登艦訪俄。後來俄國人不來了，他又開始期待第二年培里再次叩關。一八五四年黑船再次

佐久間象山。

來日，幕府不堪壓力，選擇開國。松陰趁著某個月黑風高的晚上，帶著弟子金子重輔偷渡到培里的船上，表達希望培里帶他們到美國的意願。

培里當然不想惹這個麻煩，於是說好說歹，把松陰師徒攆下了船，松陰偷渡不成，被送回長州處罰，關進「野山獄」中。而他的徒弟金子重輔則被關進了環境很差的平民監獄「岩倉獄」，不久就病死了。

成立「松下村塾」

松陰聽見金子重輔為他而死，非常感嘆，但也無力挽回。「野山獄」是囚禁貴族的地方，受幽禁者待遇比較好，松陰在獄中發憤圖強，讀了六百餘冊的書，還完成了《孟子》的講義。他在監獄裡面認識了不少奇人，還在裡面和大家一起讀書，搞得監獄像學堂一樣。這段獄中歲月，是松陰學術生涯的巔峰時期。不久之後，因為藩內惜才，於是讓他保外就醫，在家中接受軟禁處分。

這段期間，松陰在叔父玉木文之進的協助下，成立了「松下村塾」，因為他在佐久間象山那裡學習到美國總統是人民直選，不論什麼出身，都可以領導國家這樣的理念，而相信「草莽崛起」將是未來世界的主流。松陰於是收了許多因為身分關係，無法進明倫館讀書，卻胸懷大志的年輕人。後來在禁門之變中犧牲的醫生之子久坂玄瑞、維新後當上首相的佃農之子伊藤博文，都是這段期間進入松陰塾的志士。

久坂玄瑞。

吉田松陰之死

又因為松陰主張尊王攘夷的「一君萬民」倒幕理念，所以「松下村塾」的學生，也跟著有樣學樣。他告訴塾生，要有積極進取的狂氣，燃起了倒幕維新的火種。

不過，歷史也在這個時刻發生了轉折，原本支持攘夷的孝明天皇突然改變了心意，幕府新上任的大老井伊直弼發動「安政大獄」，將攘夷支持者掃除殆盡，心急如焚的松陰決定發動突襲，開始規劃暗殺老中首座間部詮勝。

可是同時，一向袒護松陰的藩內重臣周布正之助失勢，松陰再次因為蠱惑人心的罪名被逮捕，並且送往江戶，以示長州對幕府的順服。這時的松陰已經有一死的覺悟，在獄中寫下傳世金句「肉身縱曝武藏野，白骨猶唱大和魂」，將暗殺任務和盤托出，並且痛罵井伊直弼的保守政策是亂搞。井伊聽了當然很不爽，就把松陰斬了。

松陰的死訊傳回長州，整個松下村塾為之震動。高杉晉作親自跑了一趟江戶，幫松陰招魂，並倡議在下關的櫻山神社設置了犧牲志士們的墓所。

松陰死後，局勢也發生了很多變化，首先是井伊直弼被刺殺，讓「安政大獄」終於劃下了句點。另一方面，他的學生也分成兩種路線，一批是以久坂玄瑞為主的尊王攘夷主張者，他們堅持攘夷的主張，苦於不為朝廷主流的「公武合體」派所接受，因此興師上洛，卻在「禁門之變」當中遭到徹底擊潰。

另外一批，則是有外國經驗的高杉晉作，以及更年輕的伊藤俊輔（後來的伊藤博文）等人，他們雖然一樣主張「攘夷」，卻在失敗中感受到西洋船堅砲利的現代化經驗，進而轉向「開國」主張，帶領長州走上領導明治維新的路線。其實，這些學生所秉持的，也和松陰一直強調的「飛耳長目」、「一君萬民」和「草莽崛起」的精神相符。可以說松陰雖死，但是他所留下的精神，卻一直被視為推動倒幕、維新的精神來源。

推著長州向前走的高杉晉作

二十九歲就因為肺結核去世的高杉晉作，是個充滿鬼點子的年輕人。他的口頭禪就是「把無聊的世界變得有趣」，因此他樂於接受新事物，也樂於因為習得新知，而改變自己的想法。他以這樣的精神，在武士的時代，成立由農民組成的「奇兵隊」，不僅以武力贏得政權，更真正帶著長州抵抗幕府的攻擊，因而被當作長州的英雄。

二十九歲就因為肺結核死掉的高杉晉作，是長州邁向「開國攘夷」的關鍵行動者。高杉是有錢人家的小孩，爸爸望子成龍，經常要高杉好好念書，但聰明的高杉對閱讀缺乏興趣，他覺得書裡的知識，他很多都懂，背誦、記憶，對他來說都是多餘的浪費。他最有名的一句話就是「把無聊的世界變得有趣」，從這句話也可以看出，他的人生似乎一直都感到孤單無聊。

航海遠略和「破約攘夷」的爭執

高杉本來讀的是藩校「明倫館」，但因為因緣際會認識了吉田松陰，而成為「松下村塾」的一員。吉田松陰對於「尊王攘夷」的主張甚為激烈，他認為當時的日本正面臨危急存亡之秋，只有採取攘夷手段，才能夠解決問題。

大多數的「松下村塾」學生，都相信松陰這樣的主張，高杉一開始也這樣相信，但這樣的主張，在高杉獲得藩命出訪上海時，開始發生了轉變。

高杉晉作。

去外面看看，是江戶末期許多志士的夢想，高杉一開始想去歐洲，但後來因故沒有成行，後來的上海行，也許是藩內主事者抱著補償心理，總之高杉得到了出訪的機會。當時長州和幕府的關係還不算太差，藩內主流派長井雅樂所主張的「航海遠略策」，得到幕府一定程度的支持，希望能夠在現實中匍匐前進，讓日本有富國強兵的機會。

但「航海遠略策」並沒有得到當時在長州年輕人之間流行的松陰一派支持。松陰一派的認識，是「破約攘夷」，意思就是要打破不平等條約，把外國人趕走。因此，高杉要跟幕府官員出訪一事，在「松陰塾」當中也引起了許多討論，激烈的攘夷主張者像是松陰的第一高徒久坂玄瑞，就覺得高杉不應該為了個人想出國而屈從於腐敗的幕府。但高杉還是堅持要去。

上海行和《遊清五錄》

一八六二年五月，高杉來到上海，當時的清國已經經歷了鴉片戰爭、英法聯軍戰役，積弱不振是全球對於清國形象的描寫。在上海租界區，洋人出入自由，清人被迫避道。洋人享有特殊權利，而清國政府對這些特權毫無反擊能力。不僅如此，上海剛剛經歷了太平天國戰爭，百業蕭條，只有租界繁榮，這些現象，高杉都看在眼裡。

在他的《遊清五錄》之中，記載了高杉在上海活動的記憶，透過筆談、觀察，高杉確實看見了當時清國的內憂外患處境。也感受到日本如果不趕快圖強，

（左上）中坐者為高杉晉作，右者為伊藤博文；（右上）著道服的高杉晉作。
（下）松下村塾。©wikipedia/MASA

接下來所面對的處境，跟清國不會相去太遠。而圖強之道，並不在「攘夷」，而在向西方引進文明、科學和技術。

上海之旅奠定了高杉的「開國攘夷」主張，這樣的主張，也使得他和原先「松下村塾」的夥伴的主張開始有了差異。回到日本之後，高杉的想法漸漸和「松下村塾」的夥伴衝突，雖然他也帶頭去燒了品川御殿山的英國使館，但這種立場來來回回的掙扎，對高杉來講越來越多、也越來越複雜。

政治舞臺上的起落

一八六四年，長州因為持續主張攘夷，先在「下關戰爭」[20]中遭到外國部隊報復性的重擊，高杉以奇裝異服之姿授命講和，跟著擔任通譯的井上馨一起登上了英軍旗艦。從英國外交官薩道義的回憶錄中，可以看出英國人對這位年輕人印象不錯，也讓後來英國跟長州之間有了一些不錯的互動。

不過攘夷確實不可行，長州人接連在池田屋事件、禁門之變當中蒙受重大損失，成為幕府眼中的「朝敵」，又在四國聯合艦隊報復長州的戰爭中吃了敗仗，並且遭到幕府征討。高杉在「松下村塾」的好友，很多都走上了烈士之路，為了攘夷而戰死。高杉面對這些處境，心裡想必也很掙扎，隨著藩內偏向攘夷的「正義派」頭領周布政之助下臺自殺，「俗論派」[21]再次掌權時，高杉決定離開長州，躲到九州思索未來。

把「開國攘夷」的路線想通後，高杉再一次回到長州。他首先組織了「奇兵隊」，打破武士階級才能打仗的迷思，希望所有復興長州的有志者，不分出身階級，都可以參與。這種做法，算是階級分明時代的創舉，也為後來的「四民平等」打下了最先頭的基礎。

奇兵隊。

接下來，他帶領這支部隊先後在功山寺起義，以武裝政變趕走了「俗論派」，改變藩內決定屈從幕府的政治態度，再一次扛起倒幕改革的大旗。同時，

20. 一八六四年七月，英、美、法、荷四國為了報復長州軍以攘夷為名，封鎖關門海峽而發動的戰爭，以長州軍慘敗告終。

21. 幕末時長州藩內有改革派與保守派之分，改革派稱為「正義派」，對幕府採恭順態度為保守派稱為「俗論派」。

高杉也和另一位在「禁門之變」後逃到旦馬出石一帶，終於輾轉回到長州的夥伴桂小五郎聯手，積極的推動藩的外交工作，希望能夠找到更多合作夥伴，一起來推動倒幕大業。最終，在坂本龍馬的牽線下，長州人終於和「禁門之變」時的宿敵薩摩人放下成見，成立同盟。

無法親眼目睹的維新大業

高杉和坂本算是時代的兩個怪人，坂本不太修邊幅，頂著一頭亂髮，腳上不是穿木屐，而是穿西式的皮靴。而高杉為了彰顯自己要跟過去一刀兩斷，全力走向「開國攘夷」，把長髮剪去，應該是維新時少數的短髮人士。兩人不僅在妝容上同樣怪，心中也惺惺相惜，在上海時，高杉買了一把手槍，回來後送給龍馬。據說龍馬在寺田屋遇刺時，曾經開過幾槍，後來因為手被砍傷握不住槍，才放棄射擊。

一八六五年，幕府發動對長州的第二次征伐，面臨幕府的大軍壓境，高杉又帶領奇兵隊，接連在小型戰鬥中告捷，迫使士氣低落的幕軍陷入戰局泥沼。帶兵親征的幕府將軍德川家茂又剛好在此時過世，幕府也就順勢收了兵。只是經此一戰，幕府威力大衰，隔沒兩年，繼任的將軍慶喜就推動了「大政奉還」，讓多年來志士們追求的倒幕工作有了如願以償的結局。

不過高杉本人，並沒有機會看到此情此景。在第二次幕長戰爭後不久，高杉就肺結核發病。原先規劃要去探索世界的海海人生，於是不了了之。他歸鄉養病，只是當時結核病算是難纏的絕症，康復的機會很低。一八六七年，在大政奉還前夕，二十九歲的他就離開了世界，沒能見到自己跟夥伴一起創造的成果，也沒能參與日後的維新大業。

逃命元勳木戶孝允

木戶孝允的一生，經常都在逃命。他原本叫做桂小五郎，「禁門之變」後他逃出京都，化名廣岡孝助。後來他輾轉回到長州，改名木戶貫治，推動了長州跟宿敵薩摩的同盟密約。等到維新之後，他又改名木戶準一郎、木戶孝允，出任政府要職。從逃命的經驗，可以看出他是一位小心謹慎、珍惜生命的人。同時，他是一位顧全大局，能放下恩怨的人，被譽為「維新三傑」，他當之無愧。

逃命小五郎

「維新三傑」之一的木戶孝允，一生換過不少名字，幕末時期以長州的「桂小五郎」之名聞名，他四十五歲就病死了，但在維新志士當中，四十五歲已經算是「高齡」。他有一個綽號叫做「逃命小五郎」，意思是說，任何可能喪命的時刻，他都會選擇逃走。但反過來講，也代表著他生性謹慎，不會因為一時的氣憤，而讓寶貴的生命白白犧牲。

最有名的例子，莫過於「池田屋事件」及其後他隸屬的長州藩一連串錯誤決策當時，小五郎的態度。

一八六四年的「池田屋事件」，是幕末維新歷史的轉捩點，這起事件肇因於不滿孝明天皇忽然一改攘夷立場，轉而讓「公武合體」派的薩摩人、會津人入京，驅逐攘夷公卿的志士，在位於現今河原四條、木屋町通叉路口的「池田屋」旅館密謀起義，卻因為同志被捕，而遭到新選組包圍重創的革命未遂事件。

這起事件不僅僅讓原來都是浪人組成的新選組聲名大噪，也讓最支持攘夷的長州人暴跳如雷，發動一連串躁進無謀的軍事行動，「禁門之變」讓京都陷入戰火，長州成為朝敵，還差點被滅藩。

逃命小五郎——木戶孝允。

身為藩內要員的桂小五郎，在這兩起事件當中都採取了比較低調的態度。「池田屋事件」他因為遲到而保住了一條命。小五郎其實很早就出了門，但就是因為太早出門，他覺得自己應該有時間到附近的對馬藩邸，討論有關如何打破幕府壟斷對韓國貿易的問題，因此小五郎就在路上轉了彎。不過也有傳聞說，當時跟他在一起的吉田捻磨聽聞事發，急著要跑回去救同志；小五郎的反應卻不一樣，聽見此事，他立刻回頭遠離池田屋，跑得越遠越好。

而在後來的「禁門之變」當中，帶頭起事的來島又兵衛幾度去找小五郎，小五郎對於加入戰鬥卻始終都持保留立場，來島甚至因此而怒罵小五郎是懦夫。兵敗之後，小五郎在市區徘徊、茫然良久。不過「逃命小五郎」的稱號可不是隨便取的，他很快就打扮成乞丐，偷偷摸摸地溜出京都，改名「廣岡孝助」，逃到京都附近的但馬出石一帶住了下來。

放下恩怨，推動「薩長同盟」

因為維新成功，長州居功厥偉，今日人們回想起長州，總是忘記長州要領導日本走上維新之路，不止是外部環境艱困，內部也充滿爭議。一連串的失敗後，長州失去了許多優秀人才，先是保守的「俗論派」得勢，後來又由高杉晉作領導發動政變，讓保守派再次下臺。這些天翻地覆的事，都在短短一兩年內發生。

在這些紛爭當下，桂小五郎也結束了逃亡生涯，回到長州，再一次掌握權力，領導長州走向新階段的尊王攘夷任務。他改革藩內兵制，讓在前段時間的紛擾中，由高杉晉作所領導，以農民為主體，建立功勳的「奇兵隊」成為正規軍。同時，也因為前段時間在下關戰爭被四國聯合艦隊徹底擊敗的教訓，積極採取西式訓練、西式兵器作為軍隊的訓練方針。

同時，自忖長州可能會再次遭到幕府攻擊，桂小五郎也開始思考有沒有化解困境的外交途徑。因此，當坂本龍馬提出「薩長同盟」的想像時，得到小五郎雖然半信半疑、但姑且一試的支持。這場日本近代史上最有想像力的合作協定於焉展開。

主張「公武合體」的薩摩，和主張「尊王攘夷」的長州，也不過在一年前還在「禁門之變」兵戎相見的世仇兩藩，竟然能夠放下恩怨，攜手合作，的確是大出當時政壇意料之外。

事實上，薩長同盟的過程並沒有那麼容易，兩藩首次相約在下關見面，小五郎就被西鄉隆盛放鴿子，而為了展現誠意的第二次會，是由當時豐收的長州提供饑荒的薩摩稻米，換取可以自由貿易的薩摩，為遭到經濟封鎖的長州購買槍支和軍艦而啟動。

當兩藩終於在京都會面，仍然因為面子問題相爭不下。長州覺得自己身處弱勢，強勢的薩摩應該要先讓步；而強勢的薩摩卻覺得，長州有求於我，當然要先低頭。當時已經改名「木戶貫治」的小五郎，原本已經抱著如果長州滅藩，但理想被薩摩推動也不是壞事的心情，放棄協商，準備要回到長州。但在一手推動兩藩同盟的坂本龍馬以三寸不爛之舌遊說之下，雙方終於化解無聊的面子問題，簽下同盟密約。

主導盟約的坂本龍馬在簽約當時，在伏見的寺田屋遭到狙擊，好在命大逃過一劫。但幕府最終得依賴狙擊浪人來化解政治危機，也顯示了政權的搖搖欲墜。

被送到薩摩藩邸休養的龍馬，在休養期間為「薩長同盟」作了見證簽名，改變日本歷史的維新運動，就在龍馬、西鄉隆盛和木戶貫治的攜手下，展開了新頁。

大局為重，和政敵大久保利通和解

這是木戶貫治一生最重要的貢獻。他首先因為有著盟約，帶領長州，在「四境戰爭」中擊敗了幕府。隨著幕府倒臺，大政歸還，又先後改名「木戶準一郎」、「木戶孝允」的小五郎，也在維新之後當上了重臣，提出〈五箇條御誓文〉梳理朝政、推動版籍奉還強化中央權力，更當上了「岩倉使節團」[22]的副使，代表日本政府出國考察。他身處權力中樞，也奉獻全部心力於他跟同志們一手創建的新國家上。

只是維新成功之後，內憂外患仍然很多，木戶孝允除了處理政務，其實花了更多時間，在對抗當時推動激進改革的薩摩人領袖大久保利通，維護也對維新有功的長州利益。對於維新沒有為日本帶來好的改變，木戶經常暗自神傷，對於自己僥倖多次逃過死難活到今天，「凡此種種，豈有盡言？」

22. 明治四年十一月十二日（一八七一年十二月二十三日）至明治六年（一八七三年九月十三日）期間，以岩倉具視為正使，派遣至美國及歐洲諸國訪察的使節團，由政府官員、留學生等共一〇七人組成。

為了岩倉使節團出訪，木戶決定跟大久保和解。大久保也是深明大義之人，他很清楚他跟木戶如果一整年不在家，光靠留守的老公卿三條實美，國家根本無法運轉。於是他跟木戶商議，找回當年的老戰友西鄉隆盛重出江湖，來做看守政府的主要幹部。只是西鄉的作為一點也不「看守」，木戶跟大久保前腳才踏出國，西鄉所推動的改革就如火如荼地展開，讓木戶氣得七竅生煙，最後還為了處理「征韓論」[23]而提前返國。

回國後不久，憂國憂民的木戶很快就病倒了。據說他臨死前，還在抱怨發動戰爭的西鄉應該適可而止。有這麼多感嘆和抱怨的木戶孝允，在維新後的政局中雖然掌握大權，但卻失去了許多曾經一起打拚的朋友。他四十五歲就英年早逝，同志遵照他的遺囑，將他埋在京都的靈山，和龍馬等諸多死難同志葬在一起。

明治維新後的木戶孝允。

今日在三條河原一帶的大倉酒店旁，還有一尊桂小五郎的像，看著往來的人們。維新之後的日本確實沒有馬上就變好，但隨著時間的累積，進步的軌跡總會漸漸呈現。

也許他的故事，正是提醒後人，混亂的時代裡，保全性命是一件很重要的事。只有活下來，才可能帶來改變。

23. 明治維新後的日本向朝鮮半島提出建交遭到拒絕，西鄉隆盛等強硬派人士提出的「征韓論」再次引發了沸騰，但卻在與內治派的木孝允及大久保利通的角力中落敗，西鄉因此離開了明治政府，也間接導致了「西南戰爭」的舊勢力反撲。

難兄難弟伊藤博文跟井上馨

伊藤博文和井上馨這對好友，有著南轅北轍的個性，卻偏偏是最佳好朋友，做什麼都在一起。兩人在松下村塾的時代，因為還年輕，都只是幫大哥們提包包的小弟，尚未嶄露頭角。但隨著時代的腳步，以及前輩紛紛過世，在戲棚下待夠久的他們，終於躍上了第一線的舞臺，成為維新的繼承者，推動著國家繼續往前走。

細心多慮的伊藤博文

日本第一位內閣總理大臣伊藤博文年輕的時候，名字叫做俊輔，他不是武士，出身只是佃農之子，因為喜歡學問，跟著當時長州最有名氣的吉田松陰在松下村塾學習，成為攘夷志士的一員。在塾生之中，俊輔比較年輕，只能做學長像是高杉晉作、久坂玄瑞等人的跟班。

俊輔不是武士出身，劍術確實不怎麼樣，但他細心多慮，會想到很多大家沒想到的事情，因此遇到喊打喊殺的場合，也不會沒有他。一八六二年底，松下村塾的志士們火燒品川御殿山英國使館事件，俊輔不但去了，據說還帶著鋸子，幫忙鋸開了還沒完工的柵欄，讓同志們可以魚貫爬入，點火燒屋。

豪放不羈的井上馨

俊輔有一位好友井上聞多，聞多是藩主身邊的紅人，頗受信任。聞多雖非松下村塾出身，但和塾生關係緊密，俊輔也因此跟聞多混得很熟。因為頗受藩主寵愛，聞多經常挪用公款冶遊，手頭寬裕，個性豪放，見過不少世面。俊輔比較拘謹，對理想有一番敬意，做事情謹慎許多。不過兩個人的搭配默契十足，俊輔每天跟在聞多旁邊吃香喝辣，也算是跟著拓展世面。當時兩人的「大哥」高杉晉作，據說就嘲笑過俊輔是聞多身邊的「銀蠅」。

英國遊學開眼界

見多識廣的聞多，一直想要出國見見世面，花了很大的力氣遊說，終於得到寵愛他的長州藩主毛利敬親的支持。好不容易爭取到出國機會，俊輔一看機不可失，發揮銀蠅功能，也吵著要聞多讓他跟著去。聞多喬了半天，終於喬出了讓俊輔跟班的機會。

這一次出國，真正打開了俊輔的眼界。倫敦最先端的軍事、文化和科技，讓他從攘夷志士，轉變為「開國攘夷」的論者。儘管出國學習的時間並不長，但這次旅行，真正改變了俊輔跟聞多的一生。

回國拯救內憂外患的長州

那幾年，一向主張攘夷的長州，遭遇了重大的困難。一八六三年攘夷行動開始後，長州率先領銜砲擊關門海峽航行的外國商船，引來西方各國的不滿。同時，攘夷行動也讓京都不安寧。

先是專殺攘夷敵手的「天誅組」成員，把京都弄得腥風血雨，合境不安。接著原本支持攘夷的天皇，突然一夕之間找了薩摩藩、會津藩等「公武合體」力量來京都維持秩序，而原先力主攘夷的公卿，則慘遭流放。

隨著「公武合體」勢力的振興，頓失靠山的攘夷志士先是在池田屋遭到新選組的屠殺，接著又在全力反擊的「禁門之變」遭受重創。整個攘夷力量在京都遭到嚴重的打擊。

屋漏偏逢連夜雨，一八六四年，以英國為首的四國聯合艦隊，仗著船堅砲利，把長州打得落花流水。被恩師吉田松陰評價「政治能力極佳」的伊藤俊輔，大約就在此時跟好友聞多一起提前結束歐洲之旅回到日本，為力保長州不滅亡而努力。

俊輔跟聞多先去橫濱見英國公使帕克斯，跟他表明有意調和長州與英國間的關係。帕克斯卻認為，長州心意已決，俊輔的行動只是讓自己陷入難題，因此提議若是調停失敗，願意給兩人政治庇護。

年輕時代的伊藤博文（後排右一）與井上馨（前排左一）。

俊輔毫不猶豫地拒絕這項提議，他說身為武士（其實他根本不是），如果調停不成，就要有為藩戰死的決心。話是這樣說，但總之調停確實也沒成，而長州一下就被打得兵敗如山倒。最後在高杉晉作主導談判下，道歉賠償，議和了事。

這一場敗戰也引發了長州內戰，先是傾向幕府低頭的「俗論派」領袖椋梨藤太掌握大權，大舉逮捕攘夷主張者，驅趕流落長州的七卿到九州的太宰府。接著是攘夷勢力再次集結，以農民組成的「奇兵隊」叛亂，擊敗士氣低落的藩兵，趕走椋梨藤太，再一次奪回政權。

但經歷了這一連串的亂局，攘夷派不再是盲目攘夷，由桂小五郎主導的新政權主導藩政，立場相近的伊藤俊輔跟井上聞多的聲勢，也跟著水漲船高。長州重新振作之後，勵精圖治，也順利得到外國同情，連續兩次擊敗幕府的征伐，並且在坂本龍馬的牽線下，跟宿敵薩摩藩握手言和，開啟了倒幕風雲。

歷任要職的難兄難弟

而遊走其中的伊藤俊輔和井上聞多，本來因為年輕，被認為是二流人才，但因為被認為堪當重任的志士們紛紛犧牲，而搖身一變成為倒幕幹部的中堅分子。維新成功之後論功行賞，改名博文的伊藤俊輔跟改名為馨的井上聞多，也都備受重用，歷任要職。

活下來的伊藤博文跟井上馨，先後經歷了木戶孝允、大久保利通等前輩的團隊，優秀的政治能力逐步展現。大久保利通死後，兩人都展開往政治上急速爬升的階段，井上馨成為大藏大臣，伊藤博文則成為初代內閣總理大臣。

帝國憲法的訂定，伊藤博文居功厥偉。他力排眾議，拒絕自由民權運動的主張，堅定效法普魯士帝國憲法的立場，也為自己招來許多非議。但實力為上，當時正值政治黃金成熟期的伊藤博文，得到政府要員充分的信任，爬上了高位。一八九八年，伊藤博文授命再次組成內閣，他前前後後一共組閣四次，可以說是明治時期最重要的政治人物。

明治維新後歷任各項政府要職的井上馨。

總理大臣雖然地位崇隆，權力的使用還是受到天皇「聖斷」的箝制。這樣的體制下，天皇仍然有重要的決定權，雖然他經常不想做決定。

這個體制也導致了許多決定要經歷多重討論顯得漫無效率。很多人認為，一九四五年日本戰敗投降的決定之所以如此緩慢，和這樣的「聖斷」制度有很大的關聯。不過當初訂定憲法的伊藤博文可能不會這樣想，對他來說，天皇不想管的事情，正合他所意。這樣看起來，比起因為被認為獨斷獨裁而被刺殺的前輩大久保利通，伊藤博文的專斷，是有過之而無不及。

不過伊藤博文最後的命運，也是死於被刺殺。一九〇五年，在日本併吞韓國後不久，作為殖民地統監的他，被韓國反日志士安重根刺殺身亡。至於井上馨，歷經幾次大難不死的刺殺後活了下來，他因為跟財團關係剪不斷理還亂，公眾形象不太好，政績也不怎麼樣，只是年紀越來越大、關係越來越多，多次進出內閣、產業界，變成了財經大老，反而好好地在自宅中養老，度過了有趣豐富的一生。

（上）韓國統監時代的伊藤博文。
（下）刺殺伊藤博文的安重根。

薩摩

勵精圖治的西南雄藩

在日本最南端的薩摩，並沒有自外於維新的風潮，
在關鍵時刻選擇了站在倒幕這方，改變了日本歷史的方向……

為薩摩富強一生懸命的島津家兩兄弟

日本最南端鹿兒島的薩摩藩，是推動維新的至要關鍵。薩摩之所以能夠圖強，前後任掌握藩政的同父異母兄弟齊彬跟久光居功厥偉。兩兄弟曾經為了繼承的問題而鬥爭，但也為了藩國的富強而相互和解。哥哥齊彬為薩摩的富國強兵打下了基礎，弟弟久光更強勢地揮軍上京，讓薩摩舉足輕重，成為改變日本政局的關鍵。不過維新成功之後，久光的屬下都變成他的同事，無法再真正參贊朝政的他，於是不再管世事，默默度過了餘生。

島津齊彬和久光這對同父異母兄弟，是幕末的薩摩能夠躍升為雄藩的關鍵。齊彬是島津家第十四代當主，當時日本最大規模現代化工廠群落「集成館事業」的創始者。而久光雖然沒有當上藩主，但他的實質影響力比藩主還大，他是第十五代藩主茂久的生父，也是負責輔佐藩主的「後見役」，因此在當時有「國父」的稱呼。

在這對兄弟的雄才遠略、勵精圖治之下，薩摩是當時日本最早走向現代化的地方，也因此才能從最邊緣的小藩，躍升為維新的重要力量，影響日本政局至今。今日在位的明仁天皇的母親，也就是裕仁天皇的皇后，便是光久女兒的女兒。

薩摩富強之路的開始

不過這對兄弟看似立場一致，其實卻曾經有過一段恩怨，也造成了幕末薩摩藩政的不穩定。兩兄弟的父親齊興，很早就選擇正室所生的長子齊彬為繼任者，但齊興晚年很寵愛的側室由羅，讓齊興老來得子，生下了久光。由羅備受寵愛，當然希望世子的位子可以由久光繼承，耳根子軟的齊興似乎真的被由羅所說

（上）島津齊彬。
（中）島津久光。
（下）香淳皇后，久光之女（右）。

動，這讓年紀老大卻遲遲無法繼位的齊彬如芒刺在背。

老藩主齊興最重要的幕僚，叫作調所廣鄉，他的行政能力很強，又是多朝元老，當齊興不在薩摩的時候，薩摩的大小事務幾乎都由廣鄉處理。偏偏廣鄉對齊彬有「愛花錢」的刻板印象。

其實，當年廣鄉之所以能夠登上家老高位，是因為他收拾了老藩主島津重豪的殘局。重豪是薩摩走向現代化的始祖，他對西洋事務非常有興趣，不僅曾經親自到長崎見識荷蘭人的先進技術，也在薩摩成立西式學校「造士館」，並且設置了觀察宇宙的天文臺和蘭醫學院。現在鹿兒島最熱鬧的地方「天文館通」，就是當年重豪設置天文臺「明時館」的所在。

這些現代化措施，造成大量財政支出，也讓薩摩的財政出現很大的問題。調所廣鄉為了解決問題，採取緊縮的財政政策來收拾殘局，並且努力開創收入來源。他以薩摩在日本最南的地利之便，偷偷打破幕府的鎖國政策，和琉球王國進行走私貿易。讓薩摩的財政因為走私達成的收支平衡，而逐步改善。

這位財政奇葩最憂慮的，就是齊彬接掌藩主職務，又開始為現代化花大錢，會打破他好不容易平穩下來的藩內財務狀況。廣鄉的想法跟希望家

（左）調所廣鄉；（右）島津齊興。

督由久光繼任的齊興、由羅一拍即合，他們對齊彬百般刁難，再加上齊興長壽，也無意退位，使得已經四十好幾的齊彬儘管能力備受幕府重臣肯定，卻遲遲無法登上藩主職位，心裡非常怨嘆。

「由羅騷動」和島津家的繼承之爭

繼承不了大位的齊彬決定要開始給父親壓力，他的第一個行動就是要除掉調所廣鄉。在江戶因為能力超群而關係良好的齊彬，把廣鄉偷偷跟琉球貿易的事，告訴在江戶擔任將軍最重要幕僚的好朋友，老中阿部正弘。阿部立即命令徹查，廣鄉放任走私的事跡敗露，決定自殺負責，讓齊興痛失左右手。

但也差不多在這時，齊彬家卻發生了奇怪的

事情。他的幾位孩子莫名其妙地猝死，家臣們紛紛傳說，這是因為齊興的寵妾由羅施予詛咒的緣故。這些情況讓齊彬派藩士忍無可忍，於是密謀要暗殺齊興跟由羅，以政變的方式促成齊彬繼位。

但是此事未成，就被齊興破獲。於是齊彬派的幾位重臣高崎五郎右衛門、近藤隆左衛門、赤山靭負被要求切腹，牽連者達五六十人，大久保利通的父親也是因為這件事而被流放，讓家裡一時陷入經濟困境。這起發生在一八四九年的政爭，被稱作「由羅騷動」，齊彬一次痛失三位重要幕僚，家督繼承之勢搖搖欲墜。

不過長期在江戶，關係良好的齊彬當然不是等閒之輩，他再次動用人脈，找支持自己的盟友向幕府投訴，讓在江戶的老中阿部正弘找到理由，追究齊興藩政管理不當，讓薩摩陷入政爭混亂的責任。阿部以將軍的名義，做出要求齊興退位的暗示，齊興於是含恨退位，齊彬終於逼退父親，在一八五一年登上薩摩藩主的職位。

不過有趣的是，整場「由羅騷動」雖說是繼位之爭，夾在其中的久光角色卻很尷尬。檯面上殺來殺去的都是父親、母親跟哥哥，這一切好像都沒他的事。

所以說，這起騷動與其是說齊彬跟久光之間的鬥爭，還不如說是齊彬跟父親、由羅和調所廣鄉之間的鬥爭。

言歸於好的兩兄弟

以這兩位兄弟的關係來說，久光其實很敬重哥哥，齊彬也對久光的能力多所肯定，兩人在齊彬終於登上家督職位後言歸於好，再度攜手合作。齊彬也將久光的兒子茂久列為未來最可能的繼承人人選。

齊彬的能力很好，是公認的事實。如果他能力很差，也不可能驚動當時的幕府老中阿部正弘出面幫齊彬處理繼承問題。他繼任之後，果然開始全力推動薩摩現代化的進程，日本最早、最大規模的西式工廠「集成館」，最盛時期有一千五百名員工，最重要的遺產「反射爐」，讓薩摩在煉鋼上有突出之處。同時，住海邊的薩摩人，也因為西化而擁有獨立建造西式

島津茂久。

日本最早、規模最大的西式工廠「集成館」。

帆船的能力。

當然，最重要的，就是失去左右手的齊彬，為了重新找到可靠人才，開始不計出身、用人唯才，大力提拔出身下級武士的西鄉隆盛、大久保利通等對藩政改革充滿幹勁的「精忠組」年輕人。齊彬的努力，培養出一大批維新人才，也得到後來出任維新重臣的舊幕臣勝海舟「度量遠大」的評價。

同時，齊彬也回報阿部正弘等盟友的幫助，以實力派的外樣大名之姿，積極參與幕府的內部政治。他希望推動能力較佳的一橋家養子德川慶喜接任將軍，於是跟他的大恩人阿部正弘配合，甚至想盡辦法把養女篤姬嫁給十三代將軍德川家定，希望能夠從內部跟外部同時施壓，讓將軍決定把位子交給慶喜繼任。

不過人算不如天算，首先是他最堅強的盟友阿部正弘過世，繼任的井伊直弼以大老之姿，直接決定了將軍的職務由出身紀州的家茂出任，已經為慶喜接任機關算盡的齊彬，終究還是無法完成願望。這場將軍繼承之爭，讓一大堆支持慶喜的諸侯，包括慶喜本人在內，都被井伊處以「謹慎」處分，也就是禁止登城，在家反省的警告。

繼承哥哥遺志的「藩父」久光

一八五八年，體弱多病的十三代將軍家定過世，齊彬也在同年死去，死因不明，算算一共只在位七年。依照他的遺言，久光的兒子茂久繼承了家督的位置，當時還在世的齊興，再一次成為「後見職」。薩摩的藩政歸於保守，似乎無法避免。不過齊興已經老了，他的影響力顯然不如久光，而且他第二年就過世了。一八五八年，久光理所當然以「藩父」的身分成為「後見役」，薩摩的改革派再一次占了上風。

（上）大山巖。
（下）西鄉從道。

久光所面對的時代，是挑戰最大的時代。當時的政治環境非常紛亂，日本外有列強，內部尊王攘夷派、公武合體派的衝突，一觸即發。久光一掌握實權，首先做的事，就是要讓藩論一致。他經過一番懇談，讓齊彬時期就已經嶄露頭角的西鄉隆盛和大久保利通等人決心繼續為他效命，但對於同屬「精忠組」，卻不願意跟光久一派合作的人，他也毫不猶豫地採取鎮壓的手段。

一八六二年，久光率兵北上勤王，知悉久光決意採取「公武合體」立場的部分前「精忠組」人，在伏見的「寺田屋」策劃暗殺傾向公武合體朝臣的行動。久光知悉此事，便派人前往勸服。在勸服的過程中雙方引發衝突，過激人士有馬新七等多人戰死，部分尊王派成員像是大山巖、西鄉從道等人經過勸說，決定投降，也獲得久光的原諒。當時已經決心改走「公武合體」路線的朝廷，因此而對久光充滿信任，久光於是有機會跟哥哥齊彬一樣參與幕政。

帶領薩摩藩轉向倒幕

不過，久光很快就發現，幕府是扶不起的阿斗。儘管在他的努力下，幕府啟動了一系列的改革，本來被要求謫居的一橋慶喜也如久光所要求，再一次以「將軍後見職」的職務開始綜理朝政。這段時間被稱作「文久改革」，但很多問題，不改革都沒感覺，改起來才會覺得礙手礙腳。主張更傾向現代化腳步、支持開港貿易的久光，一次又一次跟相對保守的幕府實際權力掌握者慶喜，發生嚴重的意見不合。這些衝突，都讓久光感到對幕府越來越失望。

在這段期間，久光在藩政管理上也受到很多挑戰，最重要的，就是他經歷了一場驚濤駭浪的對外戰爭。那是一八六二年的「生麥事件」[24]所造成的，他的出巡

24. 文久二年八月二十一日（一八六二年九月十四日）薩摩藩「藩父」島津久光在回薩摩的途中，隊伍在生麥村（今天的橫濱市鶴見區）被幾位英國人闖入，因為溝通不良的關係，而造成闖入者一死兩重傷的慘劇。

（上）生麥事件（早川松山繪）；（中）《倫敦新聞畫報》中刊的「鹿兒島砲擊」插畫。
（左下）從鹿兒島城鳥瞰薩英兩軍艦艇相互砲擊；（右下）與英國進行談判的薩摩官員。

隊伍，在橫濱附近斬殺了幾位誤闖隊伍的英國商人，引起英國方面嚴厲的譴責。

久光認為自己沒錯，而幕府也沒有能力讓他道歉，或者幫他道歉。因此薩摩人就跟忍無可忍的英國軍隊，在第二年打了一場「薩英戰爭」[25]。英軍以為憑著先進火力，應該可以輕鬆獲勝，結果瞎貓碰上死耗子，英軍過於輕敵，在砲戰中居然被久光打敗了。

戰勝的久光雖然得到全國的崇拜，但他自知打贏只是運氣好，不是因為薩摩兵力強，最好是乘著打贏的優勢，快快跟英國人簽了和約，希望藩內從齊彬以來一直在持續的現代化工程，不要因為戰爭而被打斷。

一八六四年，慶喜跟久光之間的衝突越來越無法收拾。儘管久光仍然指揮部隊在「禁門之變」中跟會津藩合作，將長州打為「朝敵」，但他對慶喜不推動改革，卻執著於討伐長州，以及轉向鎖國的態度，越來越無法忍受。久光深知，這樣下去，幕府跟薩摩之間的衝突會變得不可避免。在這樣的背景下，他打開了

25. 英國與薩摩藩就「生麥事件」的解決問題交涉未果，於一八六三年八月十五日至十七日派遣軍艦向鹿兒島灣展開砲擊。

薩摩無限可能的機會之門，也讓幕僚西鄉隆盛有機會去和宿敵長州人談合作，讓後來的「薩長同盟」有了啟動的機會。

因為久光的轉向，原來有機會打敗長州的幕府，處境竟然一夕變得有如風中殘燭。即使本來被認為英明的慶喜最後還是在一八六六年繼承了將軍職位，依然無法改變幕府的處境。最終，「大政奉還」就在久光決議轉向，接受西鄉隆盛的建議，跟宿敵長州結盟的情況下完成了。而整個大政奉還跟維新，也因為薩摩這個翻轉決定，而有了新的發展。

久光抑鬱寡歡的維新後人生

維新後的久光，意見還是滿多的，但這一次，他從進步派變成了保守派。他昔日的屬下大久保利通、西鄉隆盛、大山巖等人，現在都跟他平起平坐，這讓他顯然適應不良。於是，他對所有的改革都持保留態度，尤其是事關土地金錢利益的「廢藩置縣」政策，讓領土被迫歸還皇室的久光，對新政府非常不滿。他雖然一度因為聲望不錯，而出任「左大臣」職務，但因為他對所有的改革都持反對態度，導致他被大久保等人排擠，在這個位子上的久光既無權力，也做不久。

退休後的島津久光回到鹿兒島，但是他只是嘴上抱怨一下政府，真的要他起來造反，他也不太想參與。一八七七年，在新政府不得志的西鄉隆盛帶頭發動「西南戰爭」，但是昔日的老大久光並沒有支持西鄉，為了躲避戰火，他還一度跑去櫻島小住。新政府為了嘉許久光，亂事平定之後，還頒發了「公爵」的爵位給他。這樣的態度，顯示了他對政治的失望和無為，也讓這位繼承哥哥遺志，權傾一時的雄藩領導者，最後決定採取視而不見的態度，安安穩穩地度過餘生。

篤姬：大時代的一著棋

篤姬是大時代風雲當中被命運擺布的女性之一，為了薩摩藩主島津齊彬介入第十四代將軍繼承的大志，她先成為齊彬的養女，又被過繼到公卿近衛家，取得公家女兒身分，再想辦法嫁入大奧，成為第十三代將軍家定的正室夫人。但薩摩所支持的一橋家，卻在繼位之爭中敗了下來。隨著時勢移轉，薩摩最後也成為幕府的敵人。夾在幕府和薩摩當中的篤姬，最終以堅定的立場，和充分的智慧，促成了「江戶無血開城」，保守了幕府最後的尊嚴，也讓江戶居民避開了一場戰火。

十七歲那年離開薩摩之後，篤姬就再也沒有回到過鹿兒島了。

被迫為政治婚姻做準備

她的一生並不由自己的意志而行，十七歲時，她被迫離開原生家庭，由藩主島津齊彬收為養女，然後送到江戶。三年後，她又再次離開島津家，成為朝臣近衛忠熙的養女。在大時代中，她的人生被迫要為日本、為幕府、為薩摩而付出，偏偏日本、幕府和薩摩三者，隨著時間流轉，被迫成為兩兩對立的概念。

她伶俐聰明，得到父兄的喜愛，但是從津和野的島津家，被收養為當主的島津家養女，只有一個原因，當時薩摩當主島津齊彬，希望這位女孩有朝一日成為將軍夫人。為了成為將軍夫人，她被迫收斂個性，習琴書畫，讓自己符合大奧之所期待。一八五六年，她在各種政治力量交互運作下，終於成為十三代將軍德川家定的正室夫人。

天璋院篤姬。

但這並不是一個公主和白馬王子的故事，家定將軍在歷史上的地位很受爭議，很多人說他是白癡。美國公使哈里斯在日記當中曾經記載家定接見他時口齒不清、動來動去，被認為可能是腦性麻痺的典型症狀。他的祖父家齊疑似有癲癇，也有一說家定也患有癲癇。以當時政治不透明的程度來講，將軍到底是不是白癡，恐怕連不是很親近的幕臣都搞不清楚。家定將軍的諸種問題，也成為歷史謎題。不過不管是白癡、癲癇、腦麻，無論哪一種情況，總之他並不適合繼承將軍職務，但是將軍就因為各種原因，而必須是他。

嫁入大奧背後的將軍繼承之爭

家定將軍執政期間正逢培里叩關，幕府的統治權力遭到列強挑戰。這樣的時刻，幕臣阿部正弘、崛田正睦等人推動「開國」，將軍想必也無法表達什麼想法。這恐怕也是當初家定被推上火線繼承將軍職務的原因。那是一個將軍權威削弱、幕臣、諸侯、列強爭相挑戰的時代，每個人都覺得自己的策略才是為國家好，而篤姬就在這樣的背景下進入大奧，登上歷史舞臺。

群雄相爭的時代，島津齊彬安排篤姬嫁給將軍，是為了要以現在「廚房政治」的角度，爭取薩摩藩在幕府的發言權。在幕府眼中，薩摩一向是外藩，也是四百年前在關原的戰敗方。在幕府體制裡，薩摩、長州這些「西軍餘孽」，一向是被尊重，但不在權力圈內的諸侯。薩摩到江戶一千七百公里，路途遙遠，來往一趟路途要將近兩個月，所費不貲。幕府強烈要求履行「參勤交代」[26]體制，某

德川家定。

種程度來說，也是為了消耗資源，讓薩摩人不要起亂心。

不過到了幕府晚期，權威大為削弱，只要有人支持就得攬牢牢。彼時的雄藩薩摩，已經可以算是幕府的重要支柱。幕府主張開國，其實島津家早就偷偷在跟琉球進行貿易，幕府權威衰退，島津家也沒有跟著「尊王攘夷」。薩摩支持「公武合體」，和會津藩合作一起打擊過長州。此番將

26. 德川幕府為了鞏固政策，命令大名每隔一年必須到江戶定居，藉此增加大名的經濟壓力，進而削弱其實力。

篤姬嫁給將軍，正是為了著眼於將軍家定身體不佳，過世之後繼承人之爭當中，若以大奧之力，看看能不能如薩摩人所願，由一橋家的慶喜接任。

不過天不從人願，一橋家在將軍繼承權的鬥爭上打了敗仗，由紀州方面支持的慶福被宣布優先繼承權，未來將出任十四代將軍。支持一橋派的諸侯全部留校察看，被要求關禁閉。幕府的權力，確定由保守的井伊直弼來主掌。篤姬在這場鬥爭當中，並沒如薩摩人所期待，發揮任何效果，不久之後，家定將軍就過世了。

發揮力量的天璋院

慶福出任十四代將軍後，二十九歲的篤姬莫名其妙變成了新將軍的母親，被授與天璋院的名號。而她的新媳婦，則是因為當時「公武合體」的主張聲浪甚高，而被迫下嫁將軍家的孝明天皇胞妹和宮。天璋院篤姬的力量，卻在此時於大奧之中真正發揮了出來。

此時的篤姬，已經以身為德川家的大家長自詡。她管理大奧，輔佐改名家茂的新將軍，家茂死後，原先島津家支持的慶喜終於成功執政。但因為政治局勢的變化太快，當時的薩摩，已經不再是「公武合體」的支持者，而轉為「開國攘夷」的倒幕一方。由於浪士坂本龍馬奔走牽線，此時的薩摩，已經與尊王攘夷最力的長州簽訂密約，兩個西南雄藩開啟了倒幕風雲。

孝明天皇的妹妹——和宮親子內親王。

做為德川家的大家長，篤姬面對天下欲滅德川家的困境，也使出全身力量來捍衛將軍一門。慶喜在伏見鳥羽戰爭之中挫敗，逃回江戶的第一時間，找了一直被要求謫居，和薩長雄藩關係良好的幕臣勝海舟相見，除了討論倒幕的後續處理之外，最重要的，也是請勝海舟帶話給天璋院，希望天璋院能夠在薩摩人面前多講慶喜一些好話，讓慶喜可以安全下莊。

促成江戶無血開城，守護德川家尊嚴

慶喜找天璋院之前，已經先找過王室出身的和宮，但是和宮淡淡的說，慶喜已經是「朝敵」，她愛莫能助。天璋院此時有了用處，她成功說服和宮，讓她

大正時代的櫻島一瞥。

相信慶喜有心歸還政權，也找了薩長聯軍的首領西鄉隆盛，用同鄉的交情，成功說服官軍莫對慶喜窮追猛打。「江戶無血開城」看似勝海舟跟西鄉的功勞，但背後也有跟兩個人都很熟的天璋院努力的痕跡。江戶開城後，慶喜不再抵抗，戊辰戰爭[27]的戰火雖然往東北延燒，但幕軍已經沒有聲望人物領導，光靠勇武並無法持續作戰，最後終於在北海道的箱館戰爭中被殲滅。而慶喜也因為天璋院跟和宮說盡好話，留下了一條小命，在維新之後仍擁有華族身分，過著愜意而無權力的生活。

維新後，天璋院篤姬並沒有離開德川家，做為德川家的大家長，她一手拉拔慶喜的兒子慶達長大，不僅讓他接受好的教育，也培養他世界觀。慶達十多歲就有機會到海外留學，天璋院的強力支持功不可沒。只是算一算，從十七歲離開薩摩一直到過世，天璋院篤姬其實再也沒有回到過薩摩。

她年輕時所記得頂端被雲霧遮蔽的櫻島火山、波平浪靜的錦江灣，都已經成為往事。她是島津家在大時代下的一著棋，但這一著棋並沒有發生預期的效果，不僅如此，天璋院最後還成為德川家的保護者。

大時代當中的女人，有時要被迫面臨被人擺布的處境，但女人的意志，有時比自以為是的下棋男人想像的更強上百倍，而讓歷史往不同的方向前進。

27. 明治元年至二年（一八六八年至一八六九年）發生的一場內戰，明治新政府以王政復古之名擊敗了德川幕府。

西鄉隆盛與「改革」

西鄉隆盛是坂本龍馬之外，最受歡迎的幕末歷史人物。他參與藩政，帶領薩摩走向維新之路，也揮軍東進，統一日本。維新之後，他又因為對改革方向的主張不同，跟政府的主流人士屢屢衝突，最後在「征韓論」的衝突當中下野。他的最終反擊，就是領導對時局不滿的武士，對他一手建立的明治政府發動反叛，最終，他就在這場被稱作「西南戰爭」的戰役中兵敗自殺，結束了不凡的一生。

代表的日本人

如果要票選最受歡迎的幕末人物，除了坂本龍馬之外，最受歡迎者莫過於西鄉隆盛。西鄉隆盛是薩摩的下級武士，因為薩摩勵精圖治而受到拉拔，成為島津家重臣。整個「大政奉還」能夠推動，最重要的牽成者就是西鄉。而後來發動「戊辰戰爭」，帶領薩長聯軍一路北上，讓幕府軍節節敗退，成功談判江戶無血開城的，也是西鄉。

今日的西鄉隆盛在歷史上的評價極佳，許多人讚賞他的人格。為了介紹日本給西方認識，而以英文寫作《代表的日本人》的內村鑑三，就以「新日本的創立者」來評價西鄉。在內村的形容當中，西鄉不僅僅功勳過人，更重要的是擁有非凡道德。

包括西鄉後來因為領導西南戰爭，而被政府當作叛賊打壓的悲劇，內村鑑三就認為，西鄉是謹守分寸之人，儘管對政府不滿，他會領導反叛應該是迫不得已。內村覺得，西鄉肯定是因為天生的道德與浪漫主義，導致他無法拋棄無助弟子的乞求。這個說法也許美化了西鄉，但似乎是後來日本人看待西鄉功過的主流意見。

西鄉隆盛。

小說家司馬遼太郎曾經感嘆過，日本人喜歡悲劇的浪漫主義者西鄉隆盛，更勝於步步為營、真正帶領日本走向富強之路的大久保利通。

不過司馬之意並非否定西鄉，畢竟西鄉會大受歡迎，某種程度來說也是因為司

前原一誠發動的「萩之戰」（早川松山繪）。

馬遼太郎在《宛如飛翔》書中對他的浪漫描寫。只是說，認為西鄉偉大的人，其實不只是因為他浪漫，更重要的，是他因為《宛如飛翔》的背景西南戰爭，而成為日本最後武士的關係。

舊社會對改革的反撲

一八七七年發生的西南戰爭，導火線當然並不只是浪漫武士的反撲。更重要的，是因為維新之後，包括「廢藩置縣」等快速而猛烈的改革，翻轉了江戶以來三百年的秩序。土地私有化打破了行之有年共同擁有的「公共」觀念，因為私有產權的規劃，過去在無主地耕作的農民，現在突然被迫繳稅，也嚴重衝擊到農民的經

「萩之戰」後被捕縛的前原一誠（月岡芳年繪）。

濟生活。

舊士族本來不用工作就有俸祿，現在因為「廢藩置縣」，俸祿必須透過中央政府轉發，政府又因為財政困難，大幅削減華族、士族的俸祿。甚至用強迫發給債券的方式，賴掉現金發放，使得許多沒有專長的武士，只能依賴微薄的公債利息維生，許多人的收入甚至不如一般民眾。這些改變，都讓過去養尊處優的武士階級感到不滿。

此外，「廢刀令」的實施、徵兵制的開展，武士愈來愈沒有功能，這些改變都讓士族不斷累積不滿的情緒。在維新的故鄉長州，發生了由前政府參議前原一誠發動的「萩之亂」、各地也發生許多中小型暴動，雖然都很快就被政府軍擺平，但士族的不滿已經累積到臨界點。

因為「征韓論」下野

但西鄉並不是一位不想改革的守舊派，在「岩倉使節團」出訪期間，他監督之下的政府，也推出了曆法、徵兵、學制等一連串的改革工作，讓維新初期的民間社會怨聲載道，跟當初講好的「看守」完全不是同一回事。

他跟大久保、木戶等人最大的差異，其實在於對改革方向的不同看法。大久保等人的改革衝擊到的是武士跟貴族，而西鄉的改革則比較影響到一般民眾的日常。對西鄉來說，如果改革只是讓過去作為社會最骨幹的武士階級變得遊手好閒，那改革本身，不就變成了社會動亂的根源。

為了解決這些問題，他提出「征韓論」，希望藉著對外作戰，幫沒事可幹的武士們找一個出口。但在維新之初，政府財政不佳、工作百廢待舉的同時，對外征戰並不是一個好主意。這個主張後來被兼程返國的岩倉具視、大久保利通和木戶孝允給廢了，他們並且逼著西鄉下野。

同志操戈的「西南戰爭」

一八七七年二月，舊薩摩藩的武士發動大規模的起義，擁戴西鄉隆盛為領袖，北上討奸，同為薩摩出身的西鄉隆盛和大久保利通，就成了對立的兩方，各自帶領擁戴者相互攻擊。在大久保這一方的薩摩人，有後來成為海軍大將的第一任臺灣總督樺山資紀、出任過北海道開拓史的黑田清隆。而西鄉這一方的傳統武士，最有名氣的就是跟他一起在城山戰死的桐野利秋。

大久保曾經說過，西南戰爭是維新的「幸運階段」，這場戰爭證明了徵兵制可行，讓年輕將領有戰鬥經驗，以及日本軍事管理有了現代化的起點。這些成

（上）前原一誠。
（中）樺山資紀。
（下）桐野利秋。

明治初期的熊本城。

就，都可以說是踏著西南戰爭的戰死者的屍體而累積的。

西南戰爭最後的結果，是西鄉軍因為久攻不下熊本城，又缺乏足夠的軍費軍糧，最後敗給了政府軍。西鄉本人逃回鹿兒島，最後在城山地區的山洞裡自殺。傳說西鄉戰死之前，還在山洞裡下棋，最後找到他遺體的政府軍軍官，仍然對他的遺體禮遇備至，喝令屬下不得無禮。

政府對改革的檢討與恢復西鄉名譽

西鄉雖然死了，但是西南戰爭也大大的警告維新政府，過於激烈、只見理想而不切實際的改革，也許不能帶來一夕變革，反而可能帶來一夕倒退。

維新政府開始檢討制度，一八七八年之後，公布了郡區町區編制法、府縣會規則、地方稅規則等「三新法」，開啟了地方選舉、設置類似議會的諮詢制度，同時也降低了農民的稅賦，讓日本開始朝向自由民主的改革方向前進。某種程度來說，西南戰爭的後續改革，確實舒緩了時代變化所帶給人民的直接衝擊。

不過維新政府對西南戰爭的叛亂者並無寬貸，嚴厲的處罰嚇阻了大規模叛亂的機會，有超過五萬人被懲處，趁亂暴動的農民無一倖免。以威權體制推動自由，可能就是當時維新政府在無意間施行的方針。西鄉隆盛本人，則是到了一八八九年才獲得平反，得以被後人塑像紀念。現在位在上野公園牽著薩摩犬的西鄉隆盛像、位在鹿兒島的超大尊西鄉雕像，都是後人為了紀念這位偉大的浪漫主義者而雕塑。

據說狗是西鄉的最愛，維新之後許多一時卿相都以暴發戶的心態納了三妻四妾，只有西鄉一直沒有這樣做。有一次朋友去拜訪他，西鄉得意地說，「我最近也納了兩個小妾」，朋友好奇一問，結果是兩隻漂亮的母薩摩犬。因此，上野那尊西鄉雕像的創作者高村光雲，讓西鄉牽著一隻薩摩犬，應該也算是如實呈現吧。

位於東京上野公園的西鄉隆盛像。

堅持改革的大久保利通

大久保利通曾經是西鄉隆盛的親密戰友，後來兩人卻因為對改革方向的不同主張而翻臉，甚至兵戎相見。這位在維新政府初期最重要的大臣，因為推動了太多衝擊社會的改革，最後在紀尾井町遭到暗殺，殺他的人說自己是斬奸，而民眾聽到他死了，也覺得很高興。但他所堅持的改革，卻奠定了日本走向現代化最重要的基礎。因此可以說，他是一位一生都不被理解的改革者。

大久保利通的雕像，兀自站立在故鄉鹿兒島的市中心，他的鬍子翹得很高，有種趾高氣昂的感覺，但在這個雕像之都，大久保的塑像並不特別被凸顯，路人總是行色匆匆地走過。大久保雖然是薩摩人，但維新之後，他大多數的時候在東京，死後也葬在東京，並沒有回到故鄉。

不受歡迎的大久保利通

坦白講，故鄉的人並不喜歡他。不止是故鄉，到處的人都不喜歡他。在鹿兒島，大久保利通除了一尊雕像，似乎沒有留下什麼。不同於他的政治對手西鄉隆盛那張素樸而充滿喜感的面孔，不斷出現在這個城市的路上、紀念品、文宣品上；大久保走到哪裡，都像是個反派角色。儘管他對「明治維新」貢獻甚大，但不受歡迎一直是他的命運。

大久保利通。

大久保之所以不受歡迎，是因為他從來就不是個浪漫英雄。幕末時期，他原先是薩摩英雄西鄉隆盛的跟班，打仗、劍術都不在行，但他對政治頗有天分，是個被認為能夠解決問題的人才。

維新之後，他成為政府參議，與聞機要，為了讓政權穩定，他對各種叛亂的鎮壓毫不留情。西南戰爭中，大久保和老長官西鄉對上，並且將他逼入自殺絕境。由於西鄉是個浪漫英雄，大久保就必定得站在反派角色。

跟西鄉隆盛從親密戰友到反目

大久保利通的出身是下級武士，他跟好友西鄉隆盛等人，組成了「精忠組」，在藩內倡導攘夷。後來在主張公武合體的藩政掌握者島津久光說服下，收起銳氣，支持藩內的政務推動，因此受到久光的重視，而在藩內節節高升，成為久光最依賴的重臣。

他跟西鄉隆盛已經看見幕府不可避免的衰亡，也感受到如果跟著幕府攻擊長州，幕府的下一個目標可能就是同為外樣大名的薩摩。因此，在他跟西鄉的主導，以及坂本龍馬等人的牽線下，薩摩轉向了跟長州合作倒幕的路線。甚且，大久保不僅主張要「大政奉還」，更認為應該將幕府徹底清除，維新之後的政府絕對不能再讓慶喜主導，所以他們還藉故發動了戊辰戰爭，希望將幕府勢力徹底剿滅。

維新終於成功後，大久保也當上了新政府的大官。但在這個時候，他跟抱著浪漫主義想法的西鄉隆盛開始有了衝突。大久保對徹底改革的執著，從他堅持武力討幕就可以看出來。他認為日本要進步，關鍵在於要把過去階級分明的社會徹底打破，而且速度一定要快。在方向上，他和認為不該一下讓武士遊手好閒的西鄉不同；在速度這點，他和比較穩健的木戶孝允不同，於是被稱為「維新三傑」的三個人，開始有了嫌隙。

但大久保是個理性主義者，當日本為了學習外國經驗而組成「岩倉使節團」，為了能夠讓身負重任的使節團順利成行，他跟木戶孝允和解，也重新敦請西鄉隆盛出來主持看守政府，希望能夠藉著他們的再度攜手，讓政局更加穩定。

只是事情常常不是如他們所想的發展，岩倉使節團出國不久，西鄉所推動的一連串改革就讓使節團成員相當不安。最後，雙方終於因為「征韓論」而有了激烈衝突，西鄉也因此下野回到鹿兒島。不久之後，憂國憂民的木戶也病死了，大久保成為新政府最重要的一員。

為日本社會的現代化建立基礎

他深深了解，隨著政權的行政事務越來越複雜，憑著一時人才治理的可能性就越來越低。現階段他所可以為國家所做的最重要工作，就是建立制度。但他所建立制度的方式極為激烈，比如廢藩置縣、徵兵制度，都嚴重的衝擊了原來的武士階級。沒有俸祿、沒有功能的武士，成為社會的亂源，不僅到處引發叛亂烽火，更衝擊了統治權威。

但是大久保對這些反彈似乎不為所動，他對暴動的解決方式就是鎮壓。他深深相信現代化改革對國家所帶來的正面影響，也對自己的方向深具信心。事實上，他的判斷也沒錯，儘管叛亂迭起，但似乎無法串聯，可以輕易鎮壓，也沒有對新政府造成過於嚴重的衝擊。可以說大久保以個人的毀譽，成就了國家現代化的改革目標。

另一方面，大久保是一個不被理解的維新官員，因為他是政府的頭號人物，所有政府所推動的，讓人民不高興的事情都要算在他頭上。他推動改革，但所有的改革都會得罪人，每一樣改革得罪一群人，到頭來全部的人都說是他專斷獨行才造成這些不滿。批評總是比做事容易，大久保對此想必有深刻的理解。

紀尾井町刺殺事件

一七八七年五月十四日，大久保利通在東京紀尾井町被刺殺時，擔任英國公使的薩道義在日記中寫到「民眾非常憎恨大久保，所以看到他死了，大家都好像很高興」。

英國公使薩道義。

被刺的那一天早上，大久保才剛剛對來訪的友人提到，明治維新應該要分成三個階段，創業的階段，主要為了平定糾紛、穩固政權而努力，這個階段在西南戰爭結束後，已經宣告完成。接下來的第二個階段，應該要整頓，為國家建立制度，然後才是守成。大久保對自己的規劃，是在守成階段宣布退休，將國家交給下一代人才，那一天，他還留下了「為政清明」四字的墨寶給友人，可以感受他對於自身責任的強烈意識。但幾小時之後，他就遭到了刺殺。

刺殺他的石川藩士島田一良在「斬奸錄」中提到，現在的政治非出自天皇聖斷，也非出自人民公議，而是來自獨居要職的官吏臆斷專決。斬殺大久保，就是要制止這種情況惡化下去。島田一良成功了，但是大久保的死，雖然讓高漲的反對力量一時紓解，卻沒有能夠阻止國家現代化的腳步快速地走下去。

像大久保這樣的人，可以說是以激烈改革為真理的奉行者，某種程度來講，雖然面貌比較模糊，但他們也算是創造時代的英雄。他們用生命經驗告訴後人，過於激烈的改革必然引起反彈，不過這樣的反彈有時候會導致改革的挫敗，有時候則會因為個人的死亡而平息。大久保過世之後，伊藤博文、大隈重信等比較年輕的一代，開始站上了政治舞臺的巔峰，他所推動的改革依然繼續，但因為他不在了，反彈於是也就變得不那麼激烈了。

土佐

將國家推向新時代的武士們

在沒有得到藩內支持的情況下，土佐武士們靠著各自的努力奔波，為新日本走出了一條道路，也讓土佐在最後加入了維新陣營當中，為大政奉還貢獻了力量……

時代的風雲兒坂本龍馬

最受歡迎的幕末志士，坂本龍馬當之無愧。他出身土佐下士，卻不拘泥於時代的壓迫，四處奔走，促成「薩長同盟」，又獻上「船中八策」，推動了「大政奉還」，促成了新日本的誕生。但也因為年紀輕輕就死去，後來的局勢發展，都變得跟他無關，也因此他就可以永遠保持純粹，無需背上西鄉隆盛、木戶孝允的痛，或是大久保利通不被理解的苦。

土佐下士出身的年輕武士坂本龍馬，在短暫的生命歲月當中，以一介平民之身，四處奔走，結交志士，增廣見聞，一心推動心目中理想的「新國家」，因此成為幕末志士當中，至今最受歡迎的一位。

比地球一週還長的奔波旅程

在他短暫的三十三年人生當中，他並沒有離開過日本，但有好事者幫他計算他在日本各地奔走的里程，發現長達四萬六千公里。算一算，地球的周長也才四萬公里，這個數字實在有點驚人。這東奔西走的過程當中，大多數的移動是坐船，船是當時最時髦快速的交通工具，也顯見得他熱中於走在時代尖端的個性。

身處舊制度崩壞的當下，卻沒有隨波逐流，反而能夠以無窮的熱情，為新時代找到出路，這正是今天人們懷念坂本龍馬的原因。他所處的時代非常特殊，幕府正因為外國列強的挑戰而衰弱，經濟秩序也因為各藩財政的困難而顯得動盪。平民出身的豪商崛起、武士淪為窮困的平民，甚至要以賣爵位維生。

坂本龍馬。

民眾感覺到時代要變，但連統治者都不知道方向該怎麼變。各種新的思潮紛紛崛起，而當家的幕府面對民眾對開放的恐懼和內外交逼的壓力，而顯得進退維谷。

龍馬就成長在這樣的時代，他並不是一個能夠滿足於舊制度的人，因此即使家人希望他像當時比較寬裕的武士家族的次子那樣，留在家鄉開道場，但他不僅沒有接受，還選擇幾度「脫藩」，因為他想要去其他地方闖蕩。

與時俱進、跳脫框架、人緣超好的奇男子

龍馬是一位奇男子，他是一個能夠與時俱進的人。一開始他是一位「尊王攘夷」者，在首次培里來航時，龍馬寫給姊姊的書信當中，還有「必當砍下外國人頭」之類的話語。但過了幾年，他見過勝海舟等當時已有「世界觀」的思想家後，想法有了徹底的轉變。他深深地理解在廣大的世界中，日本只是一個四周環繞著大海的島國，大海之外有其他的國家，也有不同的、有趣的、先進的文化跟制度，值得日本學習。

龜山社中，現為龜山社中紀念館。
©wikipedia/Takasunrise0921

不僅如此，他也是一位能夠跳脫框架，開創新想法的人。因為對海洋跟船有興趣，他跟著勝海舟成立海軍操練所。因為操練所被關閉

無處可去，他在長崎成立了第一家貿易公司「龜山社中」。更重要的，他以個人信用為保證的奔走行動，促成了長州藩以薩摩名義購買武器，就可以避開幕府管制的做法，促成了長期互相仇視的長州跟薩摩兩藩放下恩怨，攜手合作，扭轉了歷史的方向。

龍馬有一種讓人喜歡的特質，勝海舟欣賞他，讓他成為神戶海軍操練所的塾頭。西鄉隆盛喜歡他、桂小五郎（後來的木戶孝允）相信他，讓他最後能夠促成薩長同盟。在「龜山社中」的時代，他重用當時社內英文最好的陸奧宗光參與談判，也讓陸奧後來有機會當上維新政府的外交大臣。

龍馬更是一位不計前嫌的人。最討厭他的土佐上士頭領後藤象二郎，後來跟他結為盟友，將龍馬的「船中八策」獻給當時不知道該怎麼勸說將軍的土佐老藩主山內容堂，也促成了德川慶喜最後「大政奉還」的決定。

兩次刺殺，難逃一死

冒險家龍馬也經歷過大難不死。薩長同盟簽約那幾天，在伏見的寺田屋，他遭到新選組襲擊，卻因為侍女阿龍的通報，讓倒在倉庫的他很快被薩摩藩找

龍馬的妻子——阿龍。

到，逃過一死。這位阿龍後來也成為他的太太，還跟他一起去鹿兒島養傷，成就了據說是日本歷史上第一次的蜜月旅行。

但生死有命，「寺田屋」逃過一劫，應該是上天認為他還有任務還沒完成。三十三歲那一年，在「大政奉還」前夕，龍馬跟好友中岡慎太郎在京都的「近江屋」遭到刺殺，這一次他就沒躲過死劫，身中三十四刀，當場死亡。現場廝殺的慘烈，至今還可以從京都博物館內所珍藏，濺了鮮血的屏風上感受到。

龍馬的死是一個謎題，有各種不同的說法，最廣為人知的是「見迴組」的今井信郎說，今井信郎在箱館戰爭後，公開承認自己是銜松平容保之命前往刺殺龍馬跟中岡。不過近幾年有關這個說法受到許多新證據的挑戰，最新的是同為見迴組帶隊的佐佐木只三郎所殺，不過跟今井的話相比，差異只在到底是誰下毒手的差別。類似的說法還有渡邊篤、桂隼之助所殺，不過看起來都是見迴組銜幕命所做，內容出入都不大。

比較陰謀論的說法，有人說是薩長為了推動武力討幕，想要剷除和平倒幕派的龍馬。也有人說是因為新選組人為了報復龍馬所幹。但這些說法證據力比較不足，只能說是有這個可能，也無法讓人確定。今日要悼念龍馬被殺，只能隔著被收藏在博物館中，當年命案現場的血屏風憑弔。總歸來說，龍馬最後是死了，他所留下的偉業，也只能交給其他的志士去推動了。

不過也因為他年紀輕輕就過世，沒有在維新後的政府服務過，因此他沒有像木戶孝允那樣因為改革而心力交瘁，也沒有像西鄉隆盛那樣對新政府失望透頂，更沒有像大久保利通那樣留下獨裁者的惡名。龍馬因為死，成為純粹的象徵，也因為這樣的純粹，而被時代記憶下來。

龍馬的革命伙伴中岡愼太郎

龍馬為了新日本而努力的旅程中，跟他一起奔走的，就是同樣出身土佐但也脫藩的中岡愼太郎。他名氣雖然沒有龍馬大，卻是龍馬的最佳幫手，有中岡分頭奔波，「薩長同盟」才成為可能。有他的「陸援隊」，龍馬的「海援隊」才能留名青史。也是因為他的牽線，土佐才能與時俱進，加入倒幕陣營當中。這位最佳伙伴，最後也跟龍馬一起在「近江屋」被刺身亡，結束短暫而絢麗的人生。

京都的圓山公園，有兩尊雕像。一尊是赫赫有名的坂本龍馬，另外一尊，則是跟龍馬一起在近江屋被刺殺的好兄弟中岡愼太郎。兩人一站一蹲，似乎也因為名氣而分了高下。

勤王黨解散後的脫藩浪士

這位中岡愼太郎，名氣雖然不大，但如果沒有他，龍馬的許多行動，可能就沒辦法順利進行。因此如果要講改變時代，助了龍馬一臂之力的中岡，當然當之無愧。甚至有另外一種說法，認為中岡為倒幕奔走的苦心，可能比龍馬還要大。

跟龍馬一樣，中岡慎太郎也是下士出身的土佐人，早年跟著武市半平太加入「土佐勤王黨」，後來因為勤王黨解散、武市切腹，為了避罪，只好脫藩流落外地。像這樣的尊王攘夷支持者，當然也只有長州願意收留他，於是中岡就流浪到長州去了。

中岡在長州的主要任務，是作為失勢的攘夷派公卿聯絡人，這些公卿因為武市半平太的關係，對土佐出身的慎太郎相當信任，於是中岡就在長州待了下來，並經常前往京都，和在京志士們交換情報。

中岡去長州的時候，剛好

京都圓山公園中的坂本龍馬與中岡慎太郎雕像。
©wikipedia/mariemon

遇到長州跟薩摩、會津等「公武合體」支持者在京都火併的時代，他也積極奔走聯絡志士。讓倒幕人士元氣大傷的「池田屋事件」中，中岡因為運氣好，當天剛好人不在京都，因此躲過了這一場大屠殺，但他隨即捲入了武力衝突的「禁門之變」，事後也跟著敗軍逃回長州。

為薩長同盟奔走

中岡回到長州之後，因為長州變成朝敵，他原先服侍的公卿們被迫再次遷移到太宰府。中岡因此消沉了一陣子，但隨著高杉晉作、桂小五郎等尊王攘夷主張者透過兵變，再次趕走保守派，重新掌握權力的情勢發展，善於交際的中岡又再一次被委以重任。這一次，他的任務是去徵詢薩摩是不是願意跟長州合作倒幕。

中岡慎太郎。

中岡先偽裝成福岡人，去見了西鄉隆盛，表達了希望合作的意願，同時也跟當時在長崎的龍馬見面，提到想推動「薩長同盟」的事情。當時受薩摩人保護的龍馬此時也正有此打算，他們都認為，幕府雖然需要薩摩來剿滅長州，但如果長州一滅，依照鞏固權力的邏輯，一直身為外樣大名的薩摩，一定也跟著倒楣，成為兔死狗烹的代表。

中岡的想法跟龍馬一致，也跟薩摩一致，於是雙方開始談判真正的合作事項。只是合作一波三折，中岡在期間到處奔走，一下在薩摩、一下在長州、一下在京都，神龍見首不見尾，每天對著各藩的權力者說好說歹。雖然整個同盟的過程，也經歷了西鄉沒在該出現的時候出現這種窘境，但最後總算是關關難過關關過，在中岡跟龍馬的努力下，讓薩長兩藩完成密約。

密約談定的第二天，龍馬就在伏見「寺田屋」被刺，雖然沒死，但是確實受了重傷。僥倖逃出來之後，薩摩的西鄉隆盛趕緊把龍馬接到鹿兒島療傷，中岡也跟著走，只是先在福岡下了船。

「陸援隊」的領導者

這時候開始，中岡就開始了「陸援隊」的任務。和龍馬的「海援隊」類似，陸援的意思，就是從陸上援助維新，中岡又開始到處奔走，希望找到一批幹

龍馬與海援隊。

練的年輕人組織一支部隊。中岡的計畫，得到當時已經觀察到幕府氣數已盡的土佐藩老藩主山內容堂的注意，山內於是赦免了中岡跟龍馬的脫藩罪責，讓他們可以再一次自由來去土佐故鄉。

不過中岡這支「陸援隊」並不像龍馬的「海援隊」那樣，有海軍操練所的老班底。「陸援隊」可以說整支部隊，都是中岡一個人想辦法招募而來的軍隊。這支部隊由過去在京都附近的尊王攘夷浪士組成，人的來源複雜，自然在工作上也比較難推動。後來在倒幕戰爭時，這支部隊僅有看守功能，沒有發揮什麼效果。

在籌組陸援隊的過程中，中岡也沒有忘記政治活動的重要。他依然四處奔走，為倒幕大業努力。在長崎，因為他的牽線，土佐的上士後藤象二郎和下士龍馬在「清風亭」見了面，讓土佐有推動「大政奉還」共識。也因為他的牽線，土佐跟薩摩簽訂了「薩土盟約」，加入了當時西南雄藩聯合組成的倒幕陣營，一起推動大政奉還事宜，成為壓垮氣數已盡的德川家最後一根稻草。

近江屋事件遭難

但這些中岡所投入心力去努力的願望，雖然一一實現，但他卻沒有機會嚐到收穫的果實。一八六七年，在大政奉還前夕，中岡和龍馬夜宿京都「近江屋」一旅店，卻遇到不明刺客的襲擊。曾經分別在「池田屋」和「寺田屋」逃過一死的中岡和龍馬，這一次沒有被幸運之神眷顧，龍馬身中三十四刀當場死亡，中岡身中二十八刀，隔了兩天也宣告不治，兩人的遺體被送到京都靈山埋葬。至於到底是誰殺了他們，到現在還眾說紛紜，算是個歷史謎題。

勇於突破階級的後藤象二郎

在階級分明的土佐，上士出身的後藤象二郎跟上時代改變的腳步，勇敢打破階級的藩籬，紆尊降貴跟下士出身的坂本龍馬合作，帶領土佐走向新時代。也是因為他，龍馬的「船中八策」才有機會被土佐老藩主山內容堂提案，讓十五代將軍慶喜辭去職務，奉還大政，日本才有機會邁向新時代。

階級分明的矛盾

維新前的土佐，是全日本階級最分明的地方。所有的武士被分成上士跟下士，在關原之戰中，跟著山內家打勝的東軍一族，叫做上士，而戰敗的西軍長宗我部一族人，則是下士。

上下兩級武士階級分明，從住宅、衣裝、禮儀、職務，通通都不一樣。上士如果砍了下士，處罰最重就是自行切腹，但多半不了了之；下士如果砍了上士，那可能就非得處斬不可。

（左）後藤象二郎；（中）山內容堂；（右）吉田東洋。

後藤象二郎就是這樣環境下出身的上士。他家境優渥，叔叔是掌握藩內大權的參政吉田東洋，雖然曾經一度失勢，但時間短暫。他年紀輕輕，就參與藩政，在吉田東洋被暗殺後，更備受重用，成為藩內主要決策高層。

土佐藩最重要的信念，就是支持幕府。從關原之戰獲勝起，山內家受封在四國土佐，就是因為德川家的恩典。這個信念從第一任藩主豐信，一直到幕末被稱作「四賢侯」之一的容堂，都沒有改變過。

土佐藩的幕末處境

但像山內容堂這麼聰明的人，當然也知道在內憂外患紛擾之下，幕府真的快垮了。因此他一直在努力追求幕府跟皇室雙贏的主張，或者至少不要讓幕府受傷的主張。從一開始支持「公武合體」，一直到後來推動「大政奉還」，山內容堂的信念，都很一致。而後藤象二郎，就是山內容堂主張最重要的執行者。

這位後藤象二郎的政績並不突出，在他任內，最重要的工作，就是彈壓武市半平太的「土佐勤王黨」。他彈壓勤王黨，除了是忠實執行容堂的指令外，也參雜了猜測勤王黨是暗殺他叔叔東洋的兇手這樣的個人情感。在他指使的嚴刑拷打下，半平太被要求切腹，勤王黨解散，這個判決被認為是複製了土佐長年以來的上下士之別，也讓許多以半平太為偶像的下士懷恨在心。

整個政局當然不會因為勤王黨解散就有好轉。幕府日漸衰弱已經是事實，在原先大力支持公武合體的薩摩，突然倒向主張攘夷的長州後，情勢更加清晰。山內容堂如此聰慧之人，知道「公武合體」路線走不通了。

勇於突破階級藩籬的後藤象二郎

同時，由於貿易開啟，土佐藩也開始在長崎成立商會，在象二郎力薦下，商會由後來叱吒風雲的三菱財團創始人岩崎彌太郎掌管，向外國人兜售樟腦等土產。所有的人都看得出來，日本的情勢已經改變。

現在，對山內來說，如何讓德川家安全下莊，變成了重中之重。後藤象二郎就在這時站上了幕末風雲兒的舞臺，他前往長崎，一方面是要視察商會，一方面也是為了要跟前勤王黨的「龜山社中」浪士坂本龍馬見面，讓土佐能夠跟當時當紅的薩長搭上線，買個新時代保險。

龍馬的「龜山社中」，是在神戶海軍學校遭到解散之後，在長崎成立的，社中有點像是貿易公司的概念，因此被認為是日本第一家貿易公司。當時的貿易公司，比如荷蘭的東印度公司，本身就擁有武力，所以武士來組公司，一點也不違和。

不過龍馬的武力，並不是賺錢賺來的，而是依賴薩摩人的支持而來的，在第二次長州征伐中，海援隊支持薩長方，也對陸上的幕軍開了幾砲。不過在航海技術上，海援隊內鬥內行還行，跟洋人相比，就差了一截，經常在海上遭逢意外。最慘的就是一八六六年木製帆船 Wild Wave 號在長崎開往薩摩的海上遇到颱風，乘員池內藏泰等人全數罹難。

因為不隸屬任何藩，完全都依賴薩摩人以及跟薩摩交好的長崎商人支援，

「龜山社中」的財務經常出現困境。現在繼薩摩人之後，土佐人也想支持社中，基於開源，龍馬當然不會反對。不過龍馬自己是土佐人，也是下士組成的勤王黨出身，雖然已經脫藩，但代表下士們要跟老鄉的上士仇人後藤象二郎見面，還是有點彆扭。

清風亭的會談

據說兩人要見面，也引起了內部陣營的一些爭執。上士陣營的人覺得後藤紆尊降貴，和下士、浪士見面，簡直莫名其妙。而社中方面的人，聽到後藤來到長崎，心心念念只有刺殺後藤，豈有要頭頭龍馬去向後藤朝拜之理？不過後藤的了不起之處，就在於他的大開大闔，他認為時代既然已經改變，見有能力的浪士並不奇怪。而龍馬也非記恨之人，他知道此時如果薩長之外，倒幕陣營又加入土佐，改革的推動就會更為穩妥。

一八六七年，雙方終於約在長崎的料理店「清風亭」會談，兩人盡棄前嫌，後藤承諾將免除龍馬的脫藩罪名，而龍馬也承諾將社中改名為「海援隊」，正式成為土佐藩的外圍組織，「海援」的意思，在於「從海上援助」。龍馬拒絕了當藩吏，但同意接受土佐的財務支持，為「海援隊」爭取來穩定的收入。土佐藩立刻花了錢跟大洲藩借來蒸汽船「伊呂波丸」，作為送給海援隊的禮物。

伊呂波丸事件

不過海援隊的操船技術實在不好，「伊呂波丸」剛開始航行沒多久，就被紀州藩的船隻「明光丸」撞毀了。紀州藩是德川「御三家」之一，已經過世的將軍家茂就來自紀州。區區土佐對決御三家紀州，勝算很低，不過龍馬認為，依照「萬國公法」來看，這起事故的錯在明明看見「伊呂波丸」，卻沒有閃避，反而直直衝撞而來的紀州。

他說服原先已經放棄想將本案交給長崎奉行判決的象二郎，他告訴後藤，這次判決，背後具有強烈的政治意義。他說，「伊呂波的判決」，不僅僅是兩艘船的對錯問題，更是土佐跟幕府之間的對抗，全日本都在看這起判決的結果。

為了判決要贏，「海援隊」做了許多準備，不僅在法律上準備周全，也找了外國人來作證。當時日本的氣氛已經從攘夷轉向開化，外國人象徵著某種權威，大大的加強了海援隊有理的證據力。當然，聽說龍馬也想出很多旁門左道，

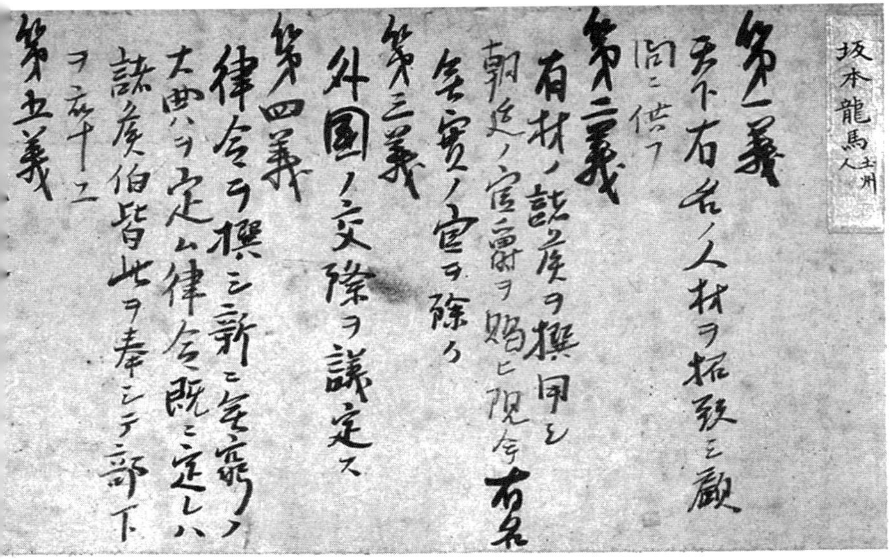
坂本龍馬 土州人

第一義
天下有名ノ人材ヲ招致シ顧
問ニ供フ

第二義
有材ノ諸侯ヲ撰用シ
朝廷ノ官爵ヲ賜ヒ現今有名
無実ノ官ヲ除ク

第三義
外国ノ交際ヲ議定ス

第四義
律令ヲ撰シ新ニ無窮ノ
大典ヲ定ム律令既ニ定レハ
諸侯伯皆此ヲ奉シテ部下
ヲ率ス

第五義

比如在酒家編歌曲，透過藝伎的傳唱，來製造紀州藩有錯的輿論風向。

由於搬出了「萬國公法」跟具有權威的英國海軍作證，紀州藩最後承認了錯在「明光丸」，賠償了一大筆錢給土佐跟海援隊。這起「伊呂波丸」事件，政治效果確實很大，幕府的衰敗已經近在眼前，所有過去支持幕府的人，現在都在想接下來該怎麼辦，土佐藩的山內容堂，是其中最積極的一個人。

陰錯陽差的「船中八策」

對他來說，土佐雖然已經加入薩長一員，有了保障。但憑著他和德

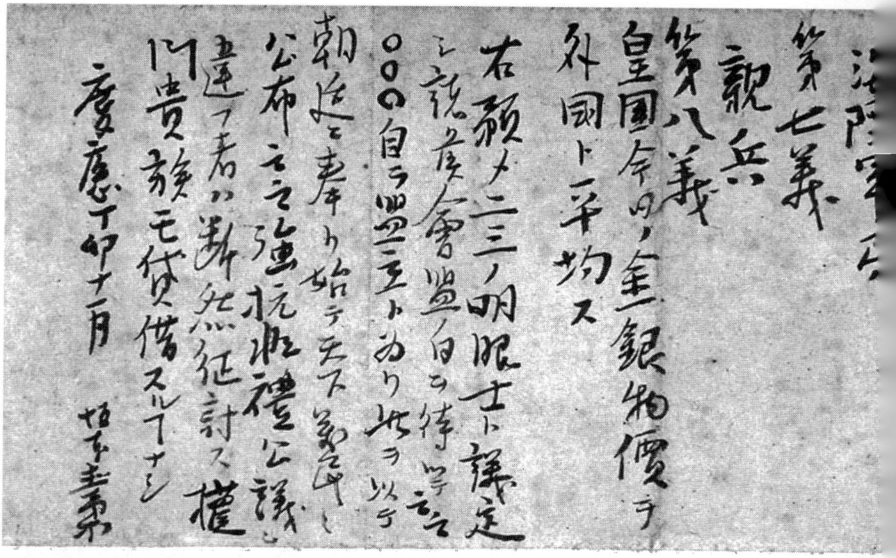

法門宮…

第七義
親兵
第八義
皇國今日ノ金銀物價ヲ外國ト平均ス

右預メ二三ノ明眼士ト議定シ諸侯會盟ノ日ヲ待ツテ云々
〇〇〇自ラ盟主ト為リ此ヲ以テ
朝廷ニ奉リ始テ天下萬民ニ
公布云々強抗非禮公議ニ
違フ者ハ斷然征討ス權
門貴族モ貸借スル事ナシ

慶應丁卯十一月　坂本直柔

龍馬手書「新政府綱領八策」，為「船中八策」的精略版。

川家多年來的情誼，他並不想要德川家垮臺。他左思右想，就是為了讓德川家可以安全下莊。龍馬這時又發揮了效用，他寫下了「船中八策」，希望透過大政奉還、設國會、納公議、開貿易等方式，創造一個全新的日本體制。

他在船裡寫下這段文字之後，將意見交給後藤象二郎，希望透過象二郎的影響力，交給山內容堂，再讓容堂去和慶喜將軍談後續。這段文字叫做「船中八策」，就是因為是在船裡頭寫的。龍馬當時的想法是，如果透過德川家自行將政權奉還朝廷，自然就可以免去內戰的災禍。不過這個主張，也為龍馬引來了殺身之禍。當時薩長之人，想到的不一定是新政，有些人想要的是新幕府，有些人則抱著要把德川家徹底終結的想法在推動倒幕。

象二郎不知道是忌妒，還是為了保護龍馬，只將龍馬的意見交給了容堂，卻沒有告訴容堂這八策是誰想的。容堂接到這個想法之後，心裡高興得不得了，覺得「大政奉還」是讓幕府安全下莊的最佳良策。容堂心裡很清楚，除了德川家，沒有任何人有能力擁有全國知名度。薩長之間雖然合作，但互相並不服氣，也缺乏全國大名支持的能耐。因此，就算是開設議會、組織內閣，德川家繼續掌權的機會最大。

容堂拿著八策去和將軍談了「大政奉還」，但他真的以為這八策是後藤想出來的，心裡覺得提拔這位大開大闔的年輕人，果然提拔對了。等到容堂知道這是龍馬的傑作，已經是維新之後的事了。以容堂對於上下之分的堅持，恐怕「船中八策」就會被丟到倉庫裡資源回收了。也正是因為容堂以為「船中八策」是後藤想出來的，八策才能夠有機會被慶喜採納，並成為後來明治政府的施政綱領。這段後藤的私心，卻造成了歷史的陰錯陽差，實在很有趣。

龍馬跟象二郎會談的「清風亭」，現在已經不存在，經歷了幾回天災人禍，「清風亭」已經成為一座停車場，長崎市在停車場前立了一座碑，作為這場改變歷史的見面會的紀念。

不過龍馬的理想並沒有實現，「大政奉還」之後，日本並沒有馬上迎接來和平，薩長依然對幕府發動了戰爭，希望將德川家完全排除在新政權之外。因此反對戰爭的土佐，很長一段時間都被歷史的舞臺所排除。

無法成事的自由民權運動鬥爭

正因為如此，土佐武士後來也因此而成為反對藩閥政治最力的自由民權運動分子，後藤象二郎後來也成為同為土佐出身的板垣退助組成的「自由黨」重要幹部。不過他在自由黨內最大的事蹟，是因為他拿了後來發達起來的同鄉岩崎彌太郎的錢，去歐洲考察憲政。這種政治、財閥之間牽扯不清的金錢問題，成為象二郎人生當中的致命傷。自由民權運動也因為「自由黨」跟其他民黨力量之間的分裂，而遭致失敗，讓日本的藩閥政治、德意志帝國內閣制更加穩固。

命運多舛的板垣退助

因為不滿意維新後被藩閥政治壟斷的政治圈，而努力推動「自由民權運動」的板垣退助，也是維新的開國元勳之一。但自由派本身的難以整合，卻讓板垣所推動的運動，徒有自由民權主張，卻無法真正撼動政府。他一度遭到刺殺，並留下「板垣雖死，自由不死」的名言，但最後在他的對手伊藤博文領導下，走向普魯士君主提倡的立憲制的日本，自由在憲政當中的成分，其實相當有限。

板垣退助是土佐人，維新前是位上士。在門第觀念頗深的土佐，上士的地位崇隆，他不用像下士出身的武市半平太、坂本龍馬那麼辛苦，很早就可以參與藩政。維新之後，土佐藩士也因為維新前簽了「薩土盟約」站對了位置，而有機會成為新執政團隊的一員。

因為「征韓論」而下野

在岩倉使節團出訪期間，板垣跟西鄉隆盛合作，一起推動「征韓論」，但征韓未成，就因為被認為是政壇主流的大久保利通跟木戶孝允匆忙返回日本，而不了了之，板垣也因此下臺。

當時大多數新政府成員，都來自薩長兩藩，其他藩士都只是點綴，板垣對此深感不滿。板垣會覺得不公平並非沒原因，他在倒幕的戊辰戰爭中，也發揮了辯論長才而立下功勞。當時幕軍一路敗退，退守到日光附近，以德川家廟東照宮為據點展開防禦，板垣深感東照宮是具有特殊歷史意義的地點，特別前往談判，轉移戰場，讓東照宮得以躲過兵火，保留下來。現在日光的神橋畔，還可以看到板垣的銅像，並為他保全東照宮立下一碑。

板垣退助。

推動「自由民權運動」

這樣浪漫主義的板垣，在一八七二年下野之後，開始推動自由民權運動。他不僅僅批判薩長人士壟斷政府，板垣也真心認為，日本要強大起來，最重要的關鍵就是推動公議，實施民主，讓自由成為新日本的新價值。他先成立「立志社」，又組成「自由黨」，到處辦演講會，傳遞民主自由的觀念，所到之處也風靡各方。

電視劇《坂上之雲》當中，就有自由民權運動人士宣講，現場人山人海，主角秋山真之、正岡子規也去湊熱鬧的場景，來凸顯自由民權運動的熱鬧。只是這樣的熱鬧，也引起了政府的緊張。所有非民選的政府，對於民主都會嚴厲警惕，自由民權運動不僅僅衝擊薩長藩閥政治的既得利益，也可能衝擊皇權，自然引起當時的執政者高度緊張。

不僅僅是運動本身，運動的附帶效果，也帶來許多叛亂衝擊。許多跟運動無關，但對稅金、地租、徵兵等等政府施政不滿的暴亂行動，讓政府為了解決問題疲於奔命。政府的立場很簡單，把這些不安定全部賴給自由民權運動者就好，不僅可以讓冀求安定的民意壓力轉向自由民權運動，也可以壓制民主化要求的氣焰。

不過因為自由民權運動確實大受歡迎，政府當中的薩長人士也深深被運動風潮所震撼，於是也開始有制定憲法的呼聲。這種對於制度的信服，也肇因於早期執政者大久保利通等人對於政治事務的日趨複雜，難以依賴天才手段治理的認知。大久保曾在一八七七年西南戰爭之後說過，接下來就是日本「整頓內治」的開始。這些主張，都突顯了當時執政精英對於建立制度的期待。

（上）秋山真之。
（下）正岡子規。

明治政府的憲政倡議

也因此，雖然跟板垣的自由民權主張顯然有差異，但當時日本朝野對於制定憲法，卻是有共識的。當時的重臣伊藤博文，就銜命前往歐洲，考察德意志的憲政制度，希望以之作為日本國憲法的參考。

伊藤博文是長州藩出身，是板垣等自由民權運動者的討伐對象，對板垣自然沒什麼好感。此外，伊藤博文深深感覺，推動民主，只會讓日本陷入混亂，保守的他認為應該要在最小限度內實施公議，同時要建立皇權至高無上的權威，這樣的憲法，才符合日本國情。對自由民權運動沒好感的伊藤，深深傾心於德意志憲法，並且矢志把這樣的憲政精神帶回日本，建立一個至高無上的皇權憲法體制。

但憲法的制定總不好自己一個人做，於是當時的政府也展開了徵詢。共計有六十六個憲政構想，七部完整的憲法草案提出來，比較接近西方民主的自然是由民間提出來的版本。伊藤博文跟當時的另一位立憲主事者，也是後來早稻田大學的創設者大隈重信，當時就陷入了迴異立場的衝突。伊藤要的是無上皇權，大隈傾向的卻是民權民主，於是伊藤在一八八一年找了機會，利用輿論對政府是否賤售北海道官產質疑的機會，直接把大隈掃下政治舞臺。

無法合作的自由派矛盾

但下臺的大隈重信，也沒有因此跟在野的板垣退助合作，再一次印證了知識精英經常因為各吹一把號，互相看不起的批評並非胡說。板垣的自由黨和大隈的立憲改進黨，不但沒有合作，還互相攻擊。立憲改進黨攻擊板垣退助和另一位自由黨要角，同是土佐上士出身的後藤象二郎跟財團關係匪淺，拿三菱財團的錢去歐洲考察兼玩樂，大傷其自由民權運動領導者形象。而自由黨也不甘示弱地回擊，批評立憲改進黨會這麼計較這些雞毛蒜皮事，就是因為和政府沆瀣一氣，根本不想推動民主改革。

這類自由黨和立憲改進黨的鬥爭，看在伊藤博文眼中自是高興。政黨惡鬥越激烈，強有力的政府就越被期待。伊藤展開歐洲考察，將德意志憲法的精神引進明治憲法，終於成功引進普選，啟動國會，讓日本有了一部憲法，只是這部憲法，也因為對無上皇權的推崇，導致了日本走向軍國主義之路。對這部憲法有疑議的人並不少，但因為大隈和板垣忙著爭鬥，而比較傾向民權的老臣岩倉具視又死了，天皇意志無所托付，就算不太欣賞伊藤，也只能委託他持續管理政務，並順了他憲改的意。

跟理想背道而馳的自由民權運動結局

可以說，自由民權運動的確推動了歷史的前進，讓日本終於有了一部憲法，也有了政黨政治。第一次普選選出來的結果，也是自由黨變成的自由立憲黨，和立憲改進黨等被輿論共同稱為「民黨」的席次，勝過了有執政團隊支持，被稱作「吏黨」的對手。不過當時的憲法，並沒有多數黨組閣的規定，因此內閣的組成，仍然是薩長藩士所掌握，伊藤博文也成為初代首相。

這部明治憲法，並不是板垣所期待的自由民權憲法，帝國議會當中，即使民黨過了半，對政治的影響依然很有限，不用選舉的

林獻堂。

貴族院也處處對普選的眾議院掣肘，而讓政府的施政一團混亂。

板垣曾經在一八八二年去岐阜演講時遭到刺殺，當時以為生命將盡的他，留下了「板垣雖死，自由不死」的慷慨遺言，但他後來沒死。但回頭看來，板垣退助所推動的自由民權運動，雖然也真的推動了歷史，讓日本走上憲政之路，但這樣的憲政精神，卻根本就和板垣想的不一樣。板垣一生的命運，總是事與願違。他晚年應林獻堂邀請，曾經參加過臺灣同化會活動，並當選總裁，但這個運動也沒有如他想像的前進。他的一生，就在這種理想與現實的追撞之中度過。

暗殺頭子武市半平太

武市半平太是個不懂變通的人，他一心推動「尊王攘夷」，因此成立了「土佐勤王黨」，希望藉著組織土佐地區的下級武士，共同來推動王政復古的理想。但當理想窒礙難行，他想到的，卻是利用暗殺的方式，除掉阻礙他實踐理想的人。他不僅指使殺死藩內重臣吉田東洋，勤王黨人也在京都殺了不少佐幕人士或公武合體派的倡議者。但暗殺的路不長久，等到政治情勢發生變化，半平太就成為犧牲者，被問責並要求切腹，結束了他絢麗而短暫的從政之路。

努力向上的下級武士

土佐藩出身的武市半平太，是個飽讀詩書、德行崇高，受到地方人士敬重的人。在階級森嚴的土佐，他雖然出身下級武士，卻因為能力超強，被提拔為最低階的上士「白札」，對藩政有進言權。藩裡對他一向不敢小覷，主要的原因，就是因為他背後有兩百多名下級武士組成的「土佐勤王黨」撐腰。

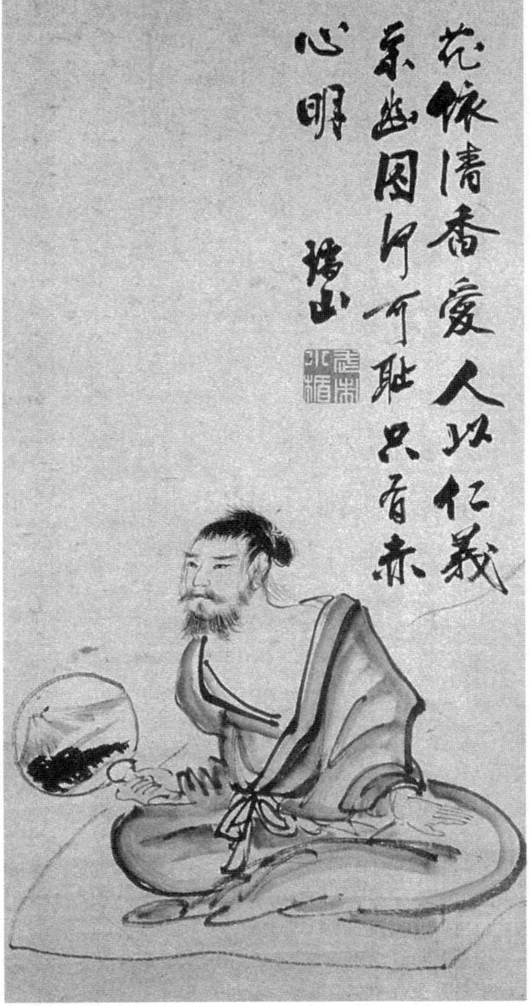

武市半平太自畫像。

「勤王黨」出了不少優異之士，其中最受歡迎的莫過於坂本龍馬。龍馬是「勤王黨」很早期的成員之一，但也很早就淡出勤王黨的活動。他淡出的原因，一方面是不喜歡好友武市的作風，另一方面，武市也知道，能力不在他之下的龍馬，需要去更遼闊的地方發展。龍馬曾經勸過武市乾脆棄藩，因為只有打破體制，才能夠創造新時代。不過武市的想法顯然沒有龍馬那麼跳躍，因此他還是堅持在藩內推動改革跟「一藩勤王」的夢想。

「一藩勤王」的理想

「一藩勤王」的意思，就是由土佐此一雄藩來勤王保駕，希望控制朝政後，再透過朝廷來宣示攘夷。保守的武市半平太，本身深受尊王攘夷思想的影響，曾經在江戶和長州藩的久坂玄瑞（吉田松陰的學生、妹婿，後來死於「禁門之變」）、薩摩藩的樺山資紀（後來出任首任臺灣總督），簽訂了「三藩密約」，相約要說服藩內實行攘夷。只是三人回到藩內，都遭到保守派反對而不了了之。

半平太有一回被叫到城內，跟藩內重臣吉田東洋辯論，東洋是一位務實主義者，他質問武市，一旦推動王政復古，將國政交給不問世事、缺乏能力的公卿，是否有辦法實行攘夷？武市辯不過東洋，最後翻桌走人。但這一場翻桌，奠定了後來土佐的政局轉變。

暗殺吉田東洋

武市回到家裡，越想越氣，從「勤王黨」當中找了幾位精幹之士，決定暗殺吉田東洋，再跟藩內的反東洋派合作，奪取政權。這批暗殺團選在一個下雨的夜裡，趁著吉田東洋帶著酒意返家途中，半途殺出，三兩下就將他斬死。吉田一死，藩內有能力佐理藩政者所剩無幾，能力很強的武市因此得到「他藩接待職」的官位，簡單來講，就是藩的外交官，負責跟他藩來往溝通。武市於是開始力推「一藩勤王」的夢想，帶著「勤王黨」的夥伴上京。

發動「天誅」

在京都，武市巴著「攘夷派」公卿三條實美，希望能夠為皇室效忠，盡棉薄之力。在當時京師一片攘夷氣氛下，他扶搖直上，還帶兵護送攘夷派公卿三條實美、柿小路公知前往江戶質問將軍到底何時才要實施攘夷。

只是政治當然沒那麼簡單，攘夷派有動作，敵對的「公武合體」派，也沒有閒著。這一段時間，陸續發生了和宮下嫁等事件，「公武合體」派逐漸抬頭。武市等勤王黨人，於是深深覺得朝廷公卿之所以無力要求幕府推行攘夷，都是因為太多「公武合體」派人士的阻撓。這位來自土佐鄉下的武士，採取的方法跟在土佐一模一樣——暗殺。

他派遣手下幾位劍術高強者，盯著「公武合體」派人士，採取暗殺行動。這些暗殺弄得京裡雞飛狗跳，他手下主要負責執行暗殺任務的岡田以藏，也得到一個「人斬以藏」的諢名。

暗殺行動越來越囂張，這些暗殺者以「天誅」為名，在京都簡直無法無天。許多「公武合體」派人士都不明不白地喪了命，京都治安陷入一團混亂。而這些死亡者，大多也不是重要大臣，而是江戶方面的命令執行者、或者「公武合體」主張的倡議者而已。

武市的行動果然招惹來許多不滿，包括孝明天皇本人，都對這種目無法紀、徒增治安混亂的暗殺事件感到生氣。等到原先主張攘夷的孝明天皇轉向「公武合體」立場後，來自會津、親幕府的新任「京都守護職」松平容保來到京都，開始對攘夷者的行動展開壓迫。

失勢被捕，難逃切腹命運

一八六三年，攘夷派在京都引起騷動，「公武合體」派發動「八一八政變」，大舉彈壓攘夷人士，朝廷急進派的公卿幾乎都遭到免職，跟著長州兵逃離京城，先後流落長州、太宰府。孝明天皇從此徹底轉向支持公武合體。情勢急轉直下，原先得意的攘夷志士在京都頓失依靠，「公武合體」派全面掌握權力。

這一場政變也造成了攘夷勢力全面激進化，後來的「池田屋事件」、「禁門之變」，都是如喪家之犬的攘夷志士所發動的失敗武裝起義。這些行動，也造成了重大死傷，甚至讓京都不僅僅是治安堪憂，還再一次陷入戰火。

半平太很快地回到土佐，原先是希望能夠在土佐重新整備再出發，奈何土佐的政權再一次落入老藩主山內容堂手裡。山內容堂正是當年重用吉田東洋的人，他再一次啟用東洋的手下，比如後來領導土佐邁向現代化、維新之後力挺自由民權運動的東洋姪子後藤象二郎，就在當時出任主導藩政的「大目付」一職務。

東洋黨人再次執政，目標當然是為東洋報仇。在容堂、東洋黨人的追究下，勤王黨的岡田以藏先被逮捕，在不斷拷問之下，供出了這些殺人行動，都是武市半平太所指使。半平太先被關押問責，又被命令切腹。

勤王黨的後來

一八六五年，武市半平太受命切腹，短暫的人生只有短短三十七年。他的死也讓勤王黨就此解散，黨人四散流離，比如後來跟龍馬一起為「薩長同盟」奔波，也一起被刺殺身亡的中岡慎太郎，就是勤王黨解散之後，脫藩的志士。

勤王黨曾經一時改變時代，但因為武市個人過於迷信暗殺、不知變通，終至災禍。而武市的死對頭後藤象二郎，後來卻成為維新的大功臣，下令武市切腹的山內容堂，後來還被尊稱為推動大政奉還的「四賢侯」之一。這中間當然有一些轉折，但也意味著在大時代之中，如果沒有體會到氣氛的變化，而貿然採取過於激烈或者偏執而不變通的行動，就可能帶來災禍。學養俱佳的武市半平太可以說是最活生生、血淋淋的例子。

從窮小子變成超級財閥的岩崎彌太郎

土佐下士出身的岩崎彌太郎始終篤信「天下大亂，形勢大好」這種事，在一次不公平的審判之後，他對官場失去了信心，決心要在亂世當中發財。憑著對數字的敏感跟天才，他很快當上了長崎土佐商會的頭領，靠著精打細算，幫藩內賺了不少錢。維新之後，他因為參與維新有功，獲准經營特許行業，煤礦、鋼鐵、船運，甚至啤酒，都是他曾經參與的事業。憑著政商關係，他成立了三菱財團，成為日本第一大財閥，成就了一樁白手起家的美談。

「三菱」是日本最重要的財團，但是企業的創始人岩崎彌太郎年輕時，卻是一位一窮二白的鄉下小子。如果要說「白手起家」、「鹹魚翻身」的例子，彌太郎的一生，無疑是最佳寫照。

岩崎彌太郎是土佐的下士出身，下士雖然是武士，但是俸祿很少，在階級逐漸墮壞的時代中，很多人都另闢賺錢途徑來維生。像同時代的武士半平太在升遷之前，就在高知城下町開劍道道場；而另一位土佐名人坂本龍馬家的副業，是經營當鋪，而且還經營得滿有聲有色。

一窮二白的出身

彌太郎家因為窮，窮到連武士的身分都已經賣給想要買官的地方富人，一家大小住在破破爛爛的房子。據說他的武士刀已經鏽到連刀鞘都拔不出來，但他總還是拿著這把爛刀在村裡走來走去。他很聰明，非常喜歡讀書，因為沒有俸祿、也沒有土地，彌太郎必須靠出門賣東西維生，只要工作時一有空檔，就會拿書出來讀。

岩崎彌太郎。

因為會讀書，他也憑這這點長處來到了江戶，跟著當時的經濟學權威安積艮齋學習。不過還沒有學成，家裡就出了事情。話說彌太郎的爸爸是個酒鬼，酒品又差，喝完酒就跟嘲笑他的人打架。有一回他爸爸跟村長爭執被打成重傷，奉行所的人又偏袒村長，彌太郎申訴無門，跑到奉行所門口刻了「官以賄賂成，獄因愛憎決」幾個字，卻因此讓自己也跟著入了大牢。彌太郎在牢裡學了點算術、做生意的技巧，他深深感受到一件事，在這個即將改變的時代裡，如果要出人頭地，靠的不是階級，而是，一定要有錢。

立志賺大錢

一八五七年，彌太郎離開監獄，但仍然受到搬到城外的處分。他在城外因緣際會地認識了當時也受到「謹慎」處分的藩內重臣吉田東洋。吉田當時開了一個叫做「少林塾」的私塾，收了後藤象二郎、福岡孝悌跟岩崎等人為弟子。因為彌太郎實在很聰明，東洋對彌太郎有了深刻的印象。

第二年，吉田東洋重返政壇，開始啟用後藤、福岡等人，彌太郎因為出身低，在階級分明的土佐無法擔當要職，於是後藤象二郎分了一個小官給他。彌太郎對這些職務沒什麼興趣，卻又不得不接受這些指令。

不過要成就大事，果然是要先忍受無聊。彌太郎發跡的機會，便是從象二郎的提拔開始。對上下之分非常執著的吉田東洋，在復出不久之後，就因為彈壓武市半平太領導的「土佐勤王黨」而遭到報復，橫死在街上。他提拔的年輕上士接下藩政大任之後，越來越感受到時代的變遷，讓過去大家習以為常的上下之分越來越不合時宜。

尤其是最受老藩主山內容堂信任的後藤象二郎，他不僅繼承叔叔吉田東洋富國強兵的策略，更大膽讓土佐跟上當時倒幕的風潮，成為「西南雄藩」一員。他也力主赦免當時已經因為促成「薩長同盟」而小有名氣的坂本龍馬的脫藩之罪，決意跟龍馬合作推動「薩土盟約」。

成為長崎土佐商會首領

對數字特別敏感的彌太郎，就在這個時候當上了長崎的土佐商會會計。當時土佐商會的任務，就是要把土佐的土產賣給全世界。彌太郎的能力超越許多上士，在商會當中表現卓越，漸漸成為商會的首領。

他受到象二郎之命，要他支援龍馬的「海援隊」財務。龍馬雖然開過貿易公司，但對財務毫無概念，還好有彌太郎的支援，讓海援隊在「伊呂波丸」沉沒事件當中，狠狠海削了紀州藩一筆，要求紀州賠償八萬三千兩，相當於現在的四十二億日幣天價，簡直賺翻。

不過彌太郎不能高興得太早，因為後藤馬上把這筆錢拿去買船跟軍火，所

以真正到手的錢財，不但沒有，他還得從商會撥款出去。在長崎有這麼多的生意好做，能力超強的彌太郎很快地就跟長崎商人們打成一片。其中最有名的，就是來自英國的鉅富哥拉巴（Thomas Glover）。

這位不可一世的商人的居所哥拉巴園，現在還是長崎最重要的觀光景點，當年的盛況可謂空前。所有各藩商會想買賣土產軍火，幾乎全部都要透過哥拉巴先生的報價才能進行。哥拉巴覺得彌太郎是個有趣的人，也因此很買彌太郎的帳，讓彌太郎在長崎無往不利。

壟斷海運的三菱商會

明治維新之後，彌太郎自立門戶，成立了「三菱商會」。「三菱商會」做生意成功，最大的因素，當然是因為彌太郎的政商關係良好。彌太郎曾經透過後藤象二郎的內線消息，在貨幣統一前大量購買各藩貨幣，再從政府收購的差價中大賺一筆。後來又因為政商關係良好，成立「郵便汽船三菱會社」，得到壟斷海運的權利，而成為財閥。

彌太郎的政商關係

在非民主的時代，做生意要仰賴的，就是政商關係。彌太郎經營政商關係很有一套，對於恩人的回報毫不手軟。對於曾經的恩人後藤象二郎，他給了一大筆錢，讓他跟自由黨人出國考察，不過這件事後來變成醜聞，造成自由民權運動的分裂。對於曾經對他好的哥拉巴先生，他也不吝惜在一八七〇年因為維新成功，諸藩不再軍備競爭而讓哥拉巴洋行破產後，將這位曾經叱吒風雲的大商人，聘為三菱商社的顧問，讓他有機會繼續在日本的商場上打滾。

不僅僅是對恩人好，彌太郎也花很多時間經營政治新貴。早年「官以賄賂成，獄以愛憎決」的怒氣，到了他發達之後，已經風水輪流轉。彌太郎的財力，讓官員都要敬他三分。但他是聰明人，看盡了人間冷暖，知道民不與官鬥，堅決支持政府，是生意人成功的不二法門。

西南戰爭當中，他堅定站在政府軍這邊，幫政府軍運送彈藥、部隊，不僅大賺一筆，更讓掌握大權的大久保利通很滿意。他透過同是自由派的後藤象二郎，跟財相大隈重信交好，從各種壟斷事業中得到好處。更重要的，是他不僅交好政府，更透過婚姻關係經營、培養未來的政府要員，後來在第一次世界大戰前後曾經分別出任首相，並且一直在政治圈相當活躍的加藤高明、幣原重喜郎，都是岩崎家的女婿。

岩崎彌太郎可以算是一代商場梟雄，因為時代轉折，真正擺脫貧窮，翻身成為時代新貴。他所創立的三菱王國，雖然經歷興衰，但至今仍是日本規模最大的財團之一，彌太郎傳奇般的人生，可以說是時代改變了他的一生，而他也因此改變了時代。

（上）加藤高明。
（下）幣原重喜郎。

迎向世界的窗

有些人敲開了日本大門，有些人來這裡探險，
也有人相信教育才是改變日本的關鍵，他們也都是改變時代的人……

敲開日本大門的培里和哈里斯

一八五三年，美國軍人培里搭著「黑船」，帶著總統的書信，敲開日本大門，引起日本天翻地覆的改變。培里回去之後，來了第一位駐日的美國使節哈里斯，他的任務，就是要求日本要落實前一年答應培里的開港要求。他們雖然不是日本人，但這兩位外國人的行動，卻是日本改變最重要的關鍵。

培里（Matthew C. Perry）應該沒想到他會成為日本的名人，他的官位不大，退休的官階只有准將；他也不算太有錢，雖然美國國會因為他出使日本有功，給過他一筆二十萬美元的獎勵，不過他把這筆錢拿去出了回憶錄。然後他也沒有活得很久，一八五五年他結束兩次日本航行任務返美，三年後，也就是一八五八年他就過世了，得年只有六十四歲。

但培里的歷史地位真的很重要，他也許不是第一位航行到日本的外國人，也不是第一位使日的外交官，但如果不是他強行扣關，江戶幕府也不會有理由結束長達兩百多年的鎖國時代，讓日本歷史出現了巨大的轉折。光是這一點，培里的地位，就值得被後人所記憶。

黑船來襲

一八五三年，培里帶著美國總統的國書，從美國東岸出發，浩浩蕩蕩地經過歐洲、非洲、印度、中國，一路來到日本。他將船下錨在橫濱附近的浦賀港邊，驚動了整個江戶市區。「黑船」，江戶市民這樣稱呼培里的船隻，他的「波瓦坦號」巨艦，是當時日本最大船隻的十倍大，燃煤動力，不需要風就可以在海上航行。他所搭載的巨砲，讓日本人看得目瞪口呆，驚嚇不已。

培里。

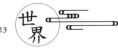

這些驚人的西洋技藝，引起了整個日本的震動。不僅僅是幕府官員如臨大敵，江戶城下町人人自危，大家買水買柴，引起市場波動。更重要的，是江戶作為日本第一大城，來自四面八方的商人、武士和學生，紛紛就此事奔相走告，短短時間內，全日本都知道了黑船來襲的事。

其實日本政府早就透過荷蘭的《風說書》知道培里來航的事，《風說書》裡面還說，像大清這樣的大國，尚且無法應付船堅砲利的英國人，因此日本恐怕也會遭逢災難。由於《風說書》記載翔實，連美軍的人數、砲艦數皆有記載，是以幕府方面其實深知敵我差距，也清楚明瞭一旦開戰，日方必敗無疑。因此，整個幕府對美方的談判政策，都是以避免戰爭為原則。

培里第一次來，日方採取拖延戰術，收下國書，跟他說考慮考慮，明年再來。幕府拿著美國國書大為震動，他們的做法，是將國書翻譯成日文，徵詢諸侯意見。也正因為這個翻譯的動作，讓全日本都知道「黑船來襲」的目的，是為了要求日本開國，引起了各藩激烈的討論。許多藩內都利用這個機會，拔擢了不少才俊之士。而流傳到民間的「黑船」故事，也讓許多地方武士開始思考國家的未來。可以說，整個幕末，都是從黑船事件開始算起的。

不過討論還沒有結果，一年就到了。培里再一次帶著艦隊，浩浩蕩蕩地來到了江戶灣外。幾經應對，雙方在當時還是小村落的橫濱展開談判。這一次被派出來和培里談判的，是幕府官員林復齋大學士，他針對美方的意見「通商、補

黑船所搭載的巨砲，讓日本人看得目瞪口呆，驚嚇不已。

給、海難救助」提出日方立場，予以回應。

各有千秋的美日談判過程

由於培里一開始就指控日方對海難船員見死不救，是「不仁之國」，因此林復齋大學士一開始就旁徵博引，提出許多日方救援外籍船員的事實，否認培里的指控。他認為培里舉出十多年前的例子，不僅不正確，同時也有點記仇的成分。同時，林復齋也表示，日方一向對於柴火、淡水等補給很大方，未來如果美國船隻需要煤炭，並無不可。至於通商一事，跟人道無關，不過是利益問題，不值得花時間討論。

培里可能很會打仗，但談判起來確實沒有很在行，被林復齋講得啞口無言，甚至連通商都沒有談到，雙方就締結了「美日親善條約」。條約的內容大致就是人道、補給等等項目，以及派駐使節，當然也附帶了下田、函館兩個港口的開港。不過從選定的是下田、函館兩個港口看來，美國人確實沒有準備要展開貿易，這兩個港口規模都不大，函館到下田的距離，剛剛好和下田到琉球的距離差不多。也就是說，美國人在意的，是捕鯨船補給的問題，至於要不要通商，再說吧。

不過條約當中衝擊最大的，還是「片面最惠國待遇」以及使節駐在。前者違反互惠，很明顯是不平等。但因為當時日本也沒有想過要去美國通商，所以這其中的不平等，當時的日人並沒有感受，一直到開始通商，日本人才意會到事情大條了。

至於使節的問題，是日本人一時不察，沒注意到英文版本裡面有「只要任何一方需要」，都可以派駐領事，跟日文版本中「需要雙方都同意」條件不同，也因此，日本因為這個翻譯錯誤，被迫接受了領事派駐規定。

軟硬兼施的哈里斯

第一位來到日本的美國領事叫做哈里斯（Townsend Harris），他的任務是跟幕府談判下田開港的細節事宜。培里沒有完成的通商約定，是哈里斯最重要的任務。哈里斯告訴日本人，美國對日本的態度，跟英法對中國不一樣，美國是日本的朋友，只想做生意，沒打算侵占日本領土。只要日本人願意跟美國做生意，那一切好說。哈里斯的談判就是後來「日美通商友好條約」的基礎。但是一般人對哈里斯的印象，比較多在於他到橫濱的公共浴場，看到日本人混浴而感到目瞪口呆的故事。

不過儘管哈里斯表明不會侵占日本領土，但哈里斯逼迫幕府就範的方法，一樣是船堅砲利的武力展示。不僅如此，哈里斯還告訴日本，就在不久前，英法聯軍在跟清國發生戰爭，將一向被認為東亞強權的清軍打得落花流水，如果幕府不快快答應美國人比較好的條件，等英法聯軍轉頭攻擊日本，日本所能得到的條件一定更差。戰爭殷鑑在前，現代化武器的威力不需要哈里斯親自展現，只要口頭說說就嚇倒了日本人。

當然，哈里斯之說有所誇大。他和當時的歐洲人一樣，低估了亞洲人對抗殖民者的能耐。比如在印度，英國人遇到了頑強的抵抗，兵力的分散使得英國對於繼續將觸角伸向東亞顯得心有餘而力不足。

對於許多日本人來說，無論培里或者哈里斯，都是拿著刀槍逼迫日本人就範的人。在帝國主義橫行的時代裡，無論是培里或哈里斯，所作所為雖然不義，但也畢竟符合當時的國際遊戲規則。只是在這樣的逼迫當中，不僅僅是幕府官員，也有許多志士，從中看出了日本的不足，這種角度，也為後來的明治維新、現代化打下了重要的基礎。因此要說改變日本的人，培里跟哈里斯兩位美國人，當然也不能缺席。

第一位來到日本的美國領事——哈里斯。

遠渡重洋的哥拉巴

哥拉巴先生是幕末叱吒風雲的長崎大商人，他藉著戰爭發財，靠著他的一口好日文和機靈的政治頭腦，不管是勤王派或者擁幕派，要買武器都得透過他的商行交易。維新之後，他生意不順，商行倒閉，還好當年資助過的岩崎彌太郎是個不忘報恩的人，聘用他為三菱商社的顧問，讓他有機會繼續留在這個讓他飛黃騰達的國家，日本。

站在哥拉巴園頂上，想像著哥拉巴先生（Thomas Glover）倚著欄杆，不可一世地看著長崎港來來往往的船隻的樣子。當年離開家園的時候，哥拉巴先生不曉得知不知道，船一旦啟航，他這一生就不會再回到故鄉蘇格蘭了。他當然也不會想到，自己的一生，將如眼前的海浪般波瀾壯闊，而且迭有潮起潮落。

長崎發跡

十八歲那年，他踏上了前往亞洲的船，以英商怡和洋行一員的身分，先到了上海，後來又因緣際會，來到長崎。在長崎，哥拉巴不再當怡和的僱員，但因為上海經驗，讓人感覺到他對東方的熟悉，於是一如資本主義擴張的常態，這位怡和的前員工，成為怡和在日本的代理商。

當時的長崎已經開港，外國人獲得很大的活動自由，再也不像幕府鎖國時期得到特許的荷蘭人，只能被限制在出島。為了在日本做生意，哥拉巴先生努力經營，不僅生意做得嚇嚇叫，還能講得一口好日文，每天為了出口歐洲人最愛的絲綢、茶葉四處奔波。

精明的政治頭腦

那是帝國主義以武力打開亞洲市場的時代，荷蘭人的勢力正在衰退，日不落帝國正在崛起，飽受殖民者欺凌的亞洲各國的民族主義，正在醞釀。哥拉巴先生做為一位優秀商人，在做生意的同時，也持續地關心日本政局的發展。嗅覺敏銳的他賣武器跟船給幕府，也賣同樣的商品給倒幕人士。

為了生意，哥拉巴先生宣布自己在擁幕、倒幕之爭中保持中立。一如所有成功的生意人，他同情倒幕人士，但也跟幕府來往。但他很明顯地感受到幕府氣數已盡，所以決意傾注更多的力量，跟倒幕的薩長土肥等西南雄藩人士交往。

他不僅賣武器，也販售出國機會給維新志士。幕末時期的留學生，無論是薩摩出身，維新後擔任文部大臣的森有禮，或者後來長期掌握政權的長州藩士伊藤博文、井上馨等人，當年出國留學時，都受過哥拉巴先生的庇蔭。現在長崎的哥拉巴宅邸，上面還有一個小閣樓，據說就是當年想要偷渡的志士為了逃避依然相信鎖國的長崎奉行追捕時，所躲藏的地方。

哥拉巴先生不只庇護志士，也賣武器給薩長土肥諸藩。在倒幕的軍備競賽當中，哥拉巴因為經營軍火生意，賺了不少錢，成為長崎地區「喊水會結凍」的超級商人，在山上買了地，蓋起豪宅。而這位商場梟雄的宅邸，也成為長崎地區政商人士交際應酬的所在。

維新之後的哥拉巴先生

維新之後，把身家賭在倒幕派那邊的哥拉巴先生，因為政商關係，而有了更多特權，他經營鐵路、進口機械、開發煤礦，得到很多政商關係下的特權。不過福兮禍之所倚，政府可以給你獨門生意，也可以讓你退無死所。過去讓他得到暴利的軍火生意，現在因為「明治維新」而失去了經營環境，哥拉巴先生的財務狀況也面臨了不再有暴利的風險。在一八七〇年，哥拉巴洋行竟然因為周轉不靈而倒閉了。

岩崎彌太郎與哥拉巴。

洋行倒閉後的哥拉巴，從一代巨賈突然變得身無分文，好在出外靠朋友，年輕時被他賞識的土佐商人岩崎彌太郎，此時正在崛起，這位過去一窮二白的商人，現在口袋飽飽，新政府人士莫不讓他三分。彌太郎看到當年的恩人遭逢困難，二話不說，就將哥拉巴先生聘為顧問，讓他以「高島煤礦」經營者的身分，繼續在日本商業圈混下去。

於是，哥拉巴先生成為三菱投資的「高島煤礦」的實際經營者，但這家高島煤礦的經營並不順利，首先是因為虐待工人引發的勞資糾紛，經常讓哥拉巴先生疲於奔命，到了一九〇六年，高島還發生了礦場爆炸，死了兩百多條人命。

儘管煤礦經營得二二六六，哥拉巴仍然有別的生意在做。他說服岩崎彌太郎投資當時的「麒麟麥酒」，他們看準了明治維新之後日本朝向西化而去的市場藍海，於是兩人皆搖身一變成為啤酒大亨，為日本啤酒產業打下根基。日本至今仍是世界啤酒製造的大國，擁有深厚的啤酒文化，而麒麟啤酒現在的口碑和成績，當然和當年三菱建立的基礎息息相關。

把一生都奉獻給日本

哥拉巴也有幾段感情，他娶了日本太太，生了孩子。但現在他宅中的「蝴蝶夫人」塑像，跟他並沒有什麼關係。普契尼的《蝴蝶夫人》場景，確實疑似哥拉巴園，但哥拉巴令人所知的婚姻當中，並沒有做出劇中那些令人後悔的蠢事。

不過家家有本難念的經，哥拉巴家也有別的悲劇。他的孩子當中，最有名的一位叫作倉場富三郎，富三郎先生也是一位成功的生意人，但他的混血身分，讓他在大家以「美英鬼畜」稱呼外國人的第二次世界大戰期間，變得很難做人，經常被警方和軍方找麻煩。終戰之時，他的故鄉長崎被盟軍投下原子彈，富三郎覺得人生已經失去意義，於是上吊自殺。哥拉巴先生遠渡重洋創下的基礎，在此終於停了下來，一如他最愛的長崎海濱，有潮起，也有潮落。

倉場富三郎。

思想教育家大隈重信和福澤諭吉

幕臣出身的福澤諭吉，跟志士出身的大隈重信，分別是東京最有名氣的兩間私立大學慶應義塾大學和早稻田大學的創立者。福澤諭吉在維新後，一直以知識分子自居；而大隈則先在政府服務，後來因為立場太過偏向自由派而被迫下野。兩人因為相近的立場而結為盟友，但兩人所創立的大學，至今都還在激烈的競爭著。

早稻田大學和慶應義塾大學，是東京最出色的兩間私立大學，每一年舉辦的「早慶戰」，更是東京最受歡迎的大學對抗棒球比賽。兩所大學中較早設立的，是一八五八年成立的慶應義塾，創辦者是福澤諭吉，也就是現在一萬元日幣紙鈔上的肖像人物。在一八八二年稍晚才成立的早大，則由當時剛剛從官場離開的大隈重信所成立。

見多識廣的幕臣

福澤諭吉其實是幕臣，他年輕的時候，就在當時的學問家緒方洪庵門下學習，緒方的「適塾」是當時長崎有名的「蘭學校」，福澤在那裡學會了荷蘭語，也學習了許多當時藉由荷蘭語傳入的西方科學知識，因為成績優異，還當上了「塾長」。

一八五八年，諭吉受到藩命，到江戶的鐵砲州辦理蘭學校。這時的諭吉，因為去了一趟橫濱，而改變了一生。在當時已經開港，熱鬧非凡的橫濱街道上，諭吉發現所有寫了拼音文字的招牌，他都看不懂。一問之下，發現當時橫濱最通用的外語，根本不是他多年以來學習的荷蘭語，而是英語。諭吉因此大受衝擊，決定放棄荷語，改學英語，當時他二十五歲。

福澤諭吉。

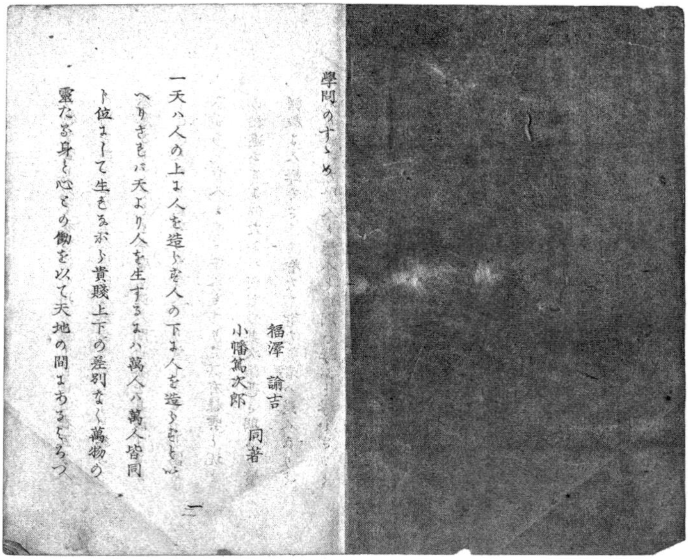
學問のすゝめ

福澤諭吉 同著

小幡篤次郎

一天ハ人の上ニ人を造らず人の下ニ人を造らずといへりされバ天より人を生ずるにハ萬人ハ萬人皆同じ位にして生れながら貴賤上下の差別なく萬物の靈たる身と心との働を以て天地の間にあるよろづ

一

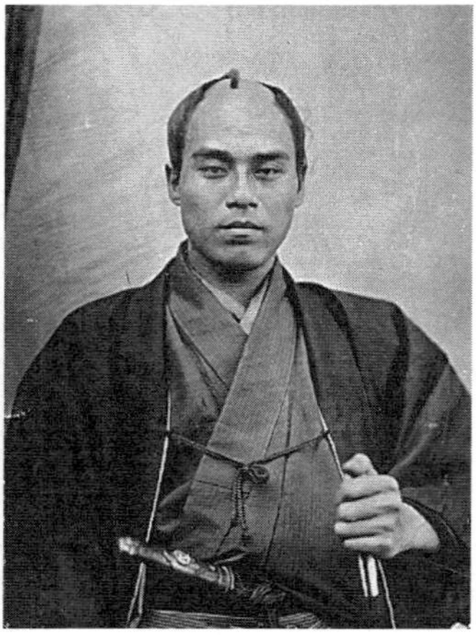

（上）《勸學》開篇的「天在人之上不造人，天在人之下不造人」，強調了「平等」的理念。
（下）激勵全民向學的大教育家福澤諭吉。

不過當時的幕府當中，知曉外文者極少，因此在一八六〇年開始的一連串美歐出訪行動，諭吉都因為通曉荷語，而被認為是有國際觀的知外人士，因此受到邀請參加。他先跟著勝海舟、中濱萬次郎等人在內的「咸臨丸」出訪美國，緊接著又被派往歐洲學習新知，一直到一八六二年底才回到日本。因為有感於外國的見聞應該讓日本人了解，他著手撰寫《西洋事情》一書。

不過福澤諭吉的官運並不好，他回國之後，剛好遇上了風起雲湧的幕末維新時代，幕府宛如風中殘燭，薩長為首的西南雄藩正在崛起，空有一身知識的諭吉，並沒有機會在幕府當中大展身手，只好致力於將原先管理的鐵砲州蘭學校轉型為現代化的西學校，戮力於從事教育跟言論公議的事業。搬到芝新錢座的這間學校，也就是後來的慶應義塾大學前身。

胸懷大志的改革者大隈重信

相比於諭吉，來自佐賀藩的大隈重信，則是時代的幸運兒。大隈早年也是尊王攘夷的支持者，他所在的佐賀藩雖然不是西南雄藩，但因為地點也在西南雄藩之間，自然較傾向尊王攘夷和現代化。大隈也是蘭學校的學生，後來在長崎學習時，因為當時蘭學沒落而轉學習英語，而知曉更多西方情事。

維新之後，大隈優異的英語和談判能力，受到當時的英國公使帕克斯的高度肯定，因此在明治政府的官職跟著水漲船高。他先後出任參議、財務大臣、外務大臣等重要職務。大隈在財政上最有名的一件事，就是在一八七二年底積極推動「陽曆改制」，並要求在兩個月後立刻上路。

事實上，大隈重信推動改曆的原因，是因為政府沒錢。當時的日本，植產興業的成績還沒有展現，但改革工作的推動，已經讓政府財政陷入了困境。正好一八七三年是陰曆的閏年，有十三個月，如果改曆，政府就只要發十二個月的薪水。甚且，陰曆的新年比陽曆的晚，因此提前過新曆年，一八七二年就只要發薪十一個月。也就是說，如果推動改曆，政府在一八七二跟七三兩年，就一共只要發二十三個月的薪水，比採用陰曆的二十五個月少發兩個月。

為了解決財政困境，大隈決定讓陽曆改制在一八七二年底立即推動，讓大家在嚴寒中過了一個新年，此舉引來民間不少抱怨，但總歸是幫政府省下兩個月薪水。日本也從此跟周邊改曆後，依然沿用舊曆節分的亞洲鄰國們，有了完全不同的節分。

一八七八年，大久保利通遭到刺殺後，大隈重信成為首席參議。當時被認為對明治維新有功的木戶孝允、西鄉隆盛都已經先後死去，大隈所領導的年輕官員如伊藤博文、井上馨、山縣有朋等人，便成為大時代的擔當重任者。

與伊藤博文的憲法鬥爭

只是身負重任，當然也會有不愉快的爭執。在憲法頒布前夕，比較傾向自由民權的大隈重信，跟對自由民主有所保留的伊藤博文，因為主張不同而槓上。

（上）佐賀藩士時期的大隈重信。
（下）維新後歷任要職的大隈重信。

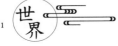

當時已經成為教育跟言論領袖的福澤諭吉，自然是比較偏向大隈這一方。

其實福澤的主張有跡可循，他參與的公共知識份子團體「明六社」對大久保利通以來的施政一直有所批評，對敗走北海道的幕臣榎本武揚、反對政府而挑起「西南戰爭」的西鄉隆盛多所盛讚。這些都顯示了做為一位在野者，福澤對維新之後政治的不滿，當然，「明六社」的言論主張，也遭到新政府的彈壓，不過壓力並沒有直接衝擊到本來就在野的福澤本人。

但是當大隈和福澤結成了一掛，對於民主比較保留的伊藤博文一派，無疑備感壓力，伊藤自然要想辦法除去自由民權一派在政府當中的影響力。當時正好遇上了北海道開拓使黑田清隆因為低價販售官產，引來輿論風暴的事件。輿論一致認為像這種賤賣國產、官商勾結的問題，只有「開設國會、充分監督」才能解決。

備受批評的黑田為了轉移焦點，對外放話這事情沒有表面那麼簡單，其實會鬧大，都是因為大隈重信和福澤諭吉想要引進自由民權派的力量到政府的緣故。跟大隈等人敵對的伊藤博文和井上馨也跟著打蛇隨棍上，說大隈和福澤是為了壯大自己、打倒政敵，才批評北海道官產出售事件，而且大隈重信本身就和沒

著學士服的大隈重信。

買到北海道官產的岩崎彌太郎過從甚密，此事必不單純。

對峙的雙方終於在一八八一年十月十一日面臨攤牌。那一天，明治天皇巡幸東北、北海道歸來，隨即召開御前會議，一方面決定停止北海道官產出售，同時做出了明治二十三年開設國會、警告反政府勢力不許「爭相狂躁、煽動事變、危害國家」的宣示，並且要大隈重信自請下臺。獲勝的伊藤一派的立場很清楚，他們接受所有輿論期待的改革，但最支持改革的大隈必須離開政府。

成立「立憲改進黨」，創立東京專門學校

大隈看過許多像大久保那樣死於非命的前輩，覺得在鬥爭中失敗，沒有被殺死只是要他自己辭職，已經是萬幸。於是爽快辭退了所有的政治職務，離開了政府。離開政府之後，大隈決定投入未來的國會選舉，於是在第二年成立了「立憲改進黨」，主張穩健改革。當然，「立憲改進黨」和當時的自由民權運動主流，板垣退助的「自由黨」是衝突的。自由派的分裂，也讓保守派的伊藤博文鬆了一口氣。不過同時，大隈也認為，民主自由的關鍵，仍在於國民的開化與否，因此他也致力投入「東京專門學校」的籌辦，這所學校，也就是後來的早稻田大學。

創立於一八八二年的早稻田大學。

日本自由思想的民間堡壘

早稻田跟慶應義塾兩間大學，都在主張自由民權的政學界人士籌辦下開設，自然有了自由主義的傳統。慶應義塾大學最重要的精神，就是福澤諭吉在《勸學》一書開宗明義的一句話，「天在人之上不造人，天在人之下不造人」，強調了「平等」的重要性。慶應大學的畢業校友也都很優秀，無論在政治界、商業經營圈、文化圈或者藝術圈，都有非常多有名的人物畢業自慶應。以〈與妻訣別書〉名留後世的林覺民，就是慶應義塾大學的早期留學生校友。

立於早稻田大學校園中的大隈重信像。

而早稻田大學則是長期以來以「國民精神之獨立，端賴於學問之獨立」（其實這也是福澤諭吉在《勸學》一書概念的延伸）精神的開放校風，培養出許多優秀的自由人，不僅活躍在政界，也在文藝圈等各個人文領域相當活躍，影響深遠。撰寫《臺灣人四百年史》的史明就畢業自早稻田，他在回憶錄當中提到，即使在戰爭時代，早大的教育，仍然充滿了自由主義精神。今日早、慶兩所大學的對抗競賽已經成為傳統，但其實兩校的對抗，源自於對自由主義精神的共同傳承。

成立日本第一所基督教大學的新島襄夫婦

第一所基督教大學的創立者新島襄，也是第一位留美並且得到學位的日本人。他跟夫人新島八重，在維新之後四方奔走，為了成立基督教學校而努力。當時的新政府對於基督教的立場並不明確，成立大學也是經過百般遊說、退讓的結果。這個過程中，跟他一起打拚的夫人八重，也扮演了重要的角色，也因為兩夫婦的努力，今天的同志社大學，才能成為關西地區第一流的人才培育搖籃。

位在京都皇居北邊的「同志社大學」，是關西地區最好的四所私立大學「關關同立」（關西大學、關西學院大學、同志社大學、立命館大學）之一，這所一八七五年創立的學校，是日本最早、也最具代表性的基督教大學，創立者是著名的留美教育家新島襄。

日本首位留美學士

新島襄的「留美」故事，其實非常曲折，在幕府鎖國的年代，幕府根本不允許外國人來到日本。一直等到被迫開國，幕府仍然不允許日本人出國。甚至各藩藩士的旅行，都需要具結理由，向藩內申請，沒有被允許者就是「脫藩之罪」，輕則成為有家歸不得的浪人，重則禍及家人。脫藩而有家歸不得者當中，最有名的，當然就是來自土佐的坂本龍馬。

旅行都不自由，出國自然更不可能。除了像是中濱萬次郎這種偶然因為迷航，被外國船隻救起，因禍得福，從一介不識字的漁夫，進而受到良好教育，甚至獲得幕府官職者，其他人幾乎不可能有機會到國外見識見識。雖然幕府也有派遣官員出國，但一般武士、民眾，根本沒有機會離開日本本土。不過也有些人為了出國，採取偷渡的方式出境，其中也有運氣不好被抓的，像是吉田松陰。

新島襄。

新島襄也是偷渡出國的一員，不過他沒有松陰那麼倒楣，偷渡成功。他在一八六四年時，輾轉來到當時已經開港十年的箱館，先搭乘一艘美國船到上海，再從上海轉往美國。船長因為不會講日文，就管他叫做 Joe，這個 Joe 和日文的「襄」（jo）發音很接近，也給他改名的靈感，從此「襄」就成為他的名字。新島到了美國之後，進入麻州的 Phillips Academy 就讀，開始學習英文，並且信了基督教。

從 Phillips Academy 畢業之後，新島襄又繼續讀了 Amherst College，成為第一位在外國拿到學士學位的日本人。因為新島襄優秀，當時維新也剛剛成功，新政府對於違反幕府法令也沒有那麼在意，新島的留學生身分，先獲得官方的承認。其後不久，他就在美國跟當時「岩倉使節團」的木戶孝允等人見面，並且加入了使節團的後半段歐洲行程。

成立日本首座基督教大學的夢想

當時的新島襄想必是意氣風發的，跟著當時日本的一流人物出訪歐洲，他感覺到日本正在改變，也決意要回到日本發展。於是使節團回國後不久，新島便跟教會申請，以「宣教師」的身分回到日本傳教。當時他被教會所交付的任務就是給他一大筆錢，要他在日本成立一所基督教大學。

但新島襄一回到國內，就發現日本沒有他想像的那麼進步，他之所以覺得日本進步，是因為他在美國所接觸到的日本人，都是當時思想最前進的人。改變其實也代表了不穩定，越是不穩定，就越會觸發保守的聲音。就連新的明治政府，對於基督教的態度都變來變去，讓新島襄非常苦惱。

與日本基督教徒合影的新島襄（第二排右四）。

舊幕府對基督教信仰是禁止的，即使外國傳教士透過開港而進入日本國內，基督教信仰仍然受到幕府嚴厲的管制。開放最早的長崎，浦上天主堂從一七九〇年以來，多年來發生過四次基督教彈壓事件。一八六七年，幕府再一次壓制基督教，受牽連者達三千人，驚動各國公使要求人在大阪的將軍慶喜出面說明，不過慶喜很快就下臺了，這個案子於是成為改朝換代的懸案。

事實上，明治政府在「大政奉還」的過程當中，得到外國政府一定程度的支持，當時外國許多政府也是抱著新政府應該會寬貸基督教傳教自由的想法，才暗助明治政府。結果一八六八年，新政府剛成立作出的「五榜揭示」，禁止基督教，讓外國人大失所望。一八七〇年，新政府又公布了「大教宣布之詔」，將天皇跟神道教結合，確認了日本的神道教國家地位。詔令對其他宗教造成不小的打擊，甚至被佛教徒認為是「廢佛毀釋」，更遑論基督教的傳教自由。同年，接連遭到取締的浦上天主堂信徒遭到流放。

新政府的行動激怒了外國人，各國抗議的聲浪越來越大，要求傳教自由的呼聲也不斷升高。連人在外國的「岩倉使節團」，也在美國、英國和丹麥遭到領導人質疑日本的宗教政策。當時明治政府剛剛成立，根基並不穩固，內部許多人也傾向開放基督教信仰自由，於是最終接受外國人的抗議，最終在一八七三年才得到傳教自由，受到浦上天主堂教案牽連的三千四百多人，也恢復無罪之身。

新島襄回到日本的時間是一八七五年，當時基督教已經可以自由信仰，但

明治初年神戶外國人居留地。

仍然受到民間、傳統信仰以及官府方面很大的敵意。尤其新島襄想要在神社、佛寺雲集的京都成立基督教學校，受到的壓力當然更大。當時的京都知事跟新島談了很多次，表明了自己受到神社、佛教跟保守民眾方面很大的壓力，他三令五申表示，設立學校可以，但是不能傳教，當然也沒有打算開放當時受限的外國人行動自由。當時關西一代的外國人都集中在神戶，如果外國人行動受限，新島襄其實找不到足夠的師資來教學。知事的意思當然就是要他知難而退。

但為了成立大學，新島襄鍥而不捨，三番兩次拜訪京都知事，他的想法是，要學習西方知識，不可能對基督教避而不談。因此校園內可以不傳教，不設教義課程，但不管怎樣都不可能在課程中不談到基督教，因為這是西方文化的根本。最後新島和知事雙方達成共識，校園內不傳教，不設基督教教義課程，但在其他課程中因為必要而談到基督教可以，校園外傳教也是自由的。新島襄對這個結果還算滿意，也終於拿到了「同志社英學校」的招牌。

新島八重的貢獻

「同志社英學校」的成立，不僅僅是新島襄一個人的努力，他的夫人新島八重，以及八重的哥哥山本覺馬，也出力甚多。他的夫人八重女士，就是二〇一三年綾瀨遙主演的大河劇《八重之櫻》中那位主角八重。八重是會津人，一直是一位非常有想法的女性，從小就不喜歡女紅，而喜歡舞刀弄槍，聽說槍法很不錯，會津戰爭時還曾經指揮部隊跟官軍對抗，表現非常英勇。

戰後，八重因為哥哥山本覺馬在京都受到薩摩人保護之故，搬到京都來跟哥哥相聚。覺馬是新島襄的好朋友，也是維新派人士，為「同志社英學校」出力甚多，八重也因此認識了新島襄，受到新島影響而信了基督教，並跟他結為連理。

（左）新婚時的新島襄與八重；（中）新島八重。（右）山本覺馬。

新島夫婦不像一般日本夫妻走夫唱婦隨路線，八重經常跟著新島襄出門，並且依照西洋禮儀，新島襄會為八重開門，並且在行動上堅守「女士優先」。為了成立學校，兩人還曾經一起到東京遊說文部省官員。這些當時看起來很前衛的行為，都讓當時的日本人認為八重是「惡妻」的典範。

這對夫妻的前衛不僅於此，他們對於實質的性別平等追求，也做出很多貢獻。比如「同志社英學校」成立之後，新島襄夫妻有感於不應該僅有男子受到良好教育，女子也應該要在新時代中扮演一定角色。於是再致力於同樣富有基督教國際主義精神的「同志社女學校」的創設工作，兩所學校互相輝映，都成為大時代中培養優秀人才的搖籃。有趣的是，後來京都設立了許多佛教大學，可能也是受到新島襄夫婦創建的基督教大學的刺激所致。

新島襄夫婦於是以優秀教育家的印象，留在後人的心目中。

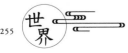

國家圖書館出版品預行編目資料

改變時代的日本人 / 李拓梓作 . -- 初版 . -- 臺北市
: 平安文化, 2017.06
面； 公分 . --（平安叢書；第 560 種）(知史；10)
ISBN 978-986-94552-6-8（平裝）

1. 日本史

731.1 106007967

平安叢書第 0560 種
知史 [**10**]

改變時代的日本人

作　　者—李拓梓
發 行 人—平雲
出版發行—平安文化有限公司
台北市敦化北路 120 巷 50 號
電話◎ 02-27168888
郵撥帳號◎ 18420815 號
皇冠出版社（香港）有限公司
香港上環文咸東街 50 號寶恒商業中心
23 樓 2301-3 室
電話◎ 2529-1778　傳真◎ 2527-0904
總 編 輯—龔槵甄
責任編輯—蔡維鋼
美術設計—王瓊瑤
著作完成日期— 2017 年 02 月
初版一刷日期— 2017 年 06 月

法律顧問—王惠光律師

讀者服務傳真專線◎ 02-27150507
電腦編號◎ 551010
ISBN ◎ 978-986-94552-6-8
Printed in Taiwan
本書定價◎新台幣 280 元 / 港幣 93 元